Le mariage :

une alliance

ISBN 978-1-78263-134-7

Originally published in English under the title "The Marriage Covenant"

Traduit avec permission de Derek Prince Ministries International USA, P.O. Box 19501, Charlotte, North Carolina 28219-9501, USA.

Traduit de l'anglais par Ariane de Chambrier.

Sauf autre indication, les citations bibliques de cette publication sont tirées de la traduction Louis Segond révisée, dite "à La Colombe".
Publié par Derek Prince Ministries France, année 1997.

Dépôt légal 1ere impression: 2e trimestre 1997.
Dépôt légal 2eme impression: 2e trimestre 1999.
Dépôt légal 3eme impression: 2e trimestre 2004.
Dépôt légal 4eme impression: 4e trimestre 2007.
Dépôt légal 5eme impression: 1e trimestre 2011
Dépôt légal 6eme impression: 3e trimestre 2012
7eme impression: 2e trimestre 2013
Imprimé par IMEAF, la Bégude de Mazenc - Numéro : 94351

Pour tout renseignement:
DEREK PRINCE MINISTRIES FRANCE
9, Route d'Oupia, boîte postale 31, 34210 Olonzac, FRANCE
Tél (33) 04 68 91 38 72, fax (33) 04 68 91 38 63
Email: info@derekprince.fr * www.derekprince.fr

BUREAUX DE DEREK PRINCE MINISTRIES

Derek Prince Ministries International/USA
P.O. Box 19501
Charlotte, NC 28219-9501 Etats-Unis
tél. (1)-704-357-3556
fax (1)-704-357-3502

Derek Prince Ministries Angleterre
Kingsfield
Hadrian way
Baldock SG7 6AN Angleterre
tél. (44)-1462-492100
fax (44)-1462-492102

Derek Prince Ministries Afrique du Sud
P.O. Box 33367
Glenstantia 0010 Pretoria
Afrique du Sud
tél. (27)-12-348-9537
fax (27)-12-348-9538

Derek Prince Ministries Australie
1st floor, 134 Pendle Way
Pendle Hill
New South Wales 2145
Australie
tél. (61)-2-9688-4488
fax (61)-2-9688-4848

Derek Prince Ministries Allemagne
Schwarzauer Str. 56
D-83308 Trostberg
Allemagne
tél. (49)-8621-64146
fax (49)-8621-64147

Derek Prince Ministries (IBL) – Suisse
Alpenblickstr. 8
CH-8934 Knonau
Suisse
Tél: (41) 44 768 25 06
Email: dpm-ch@ibl-dpm.net

Derek Prince Ministries Canada
P.O. Box 8354
Halifax N.S. Canada B3K 5M1
tél. (1)-902 443-9577
fax (1)-902 443-9577

Derek Prince Ministries
Pays-Bas/EE/CIS
Edisonstraat 103
7006 RB Doetinchem
Pays-Bas
tél: 0251-238771
info@derekprince.nl

Derek Prince Ministries
Pacific du Sud
224 Cashel Street
P.O. Box 2029
Christchurch 8000
Nouvelle Zélande
tél. (64)-3-366-4443
fax (64)-3-366-1569

Derek Prince Publ. Pte Ltd
Derek Prince Ministries
10 Jalan Besar
#14-00 (Unit 03) Sim Lim
Tower
Singapore 208787
République de Singapour
tél. (65)-392-1812
fax (65)-392-1823

DPM – NORVEGE
PB 129 – Loddefjord
5881 Bergen
NORVEGE
Tél: 47-5593-4322
Fax: 47-5593-4322
E-mail Sverre@derekprince.no

Du même auteur:

**"Ils chasseront les démons"

➤ *Ce livre de Derek Prince de 288 pages, qu'il a écrit en 1997, constitue un manuel solide et biblique traitant le sujet délicat de la délivrance d'une façon modérée, réaliste et équilibrée.*

**"Alors viendra la fin... "

➤ *Derek Prince vous montrera comment aborder le sujet de la prophétie dans la Bible. Il est très important pour les enfants de Dieu de savoir comment les reconnaître.*

**"Qui est le Saint-Esprit?"

➤ *Une étude sur la Personne la moins comprise de la Bible: le Saint-Esprit.*

**"Le remède de Dieu contre le rejet"

➤ *Peut-être que le rejet est-il la cause de la douleur la plus profonde, formant l'une des blessures les plus sensibles et vulnérables de l'homme. De nombreuses personnes en souffrent. Dieu a-t-il pourvu à une solution?*

**"Prier pour le gouvernement"

➤ *Derek Prince montre pourquoi il est logique de prier "avant toutes choses" pour ceux qui sont haut placés (1 Tim. 2:1-2). Un enseignement compréhensible, afin de savoir comment et pourquoi prier intelligemment pour le gouvernement.*

**"Les actions de grâces, la louange et l'adoration"

➤ *Une étude profonde sur ce qu'un être humain peut connaître de plus élevé: adorer et louer son Dieu*

**"La bonne nouvelle du royaume"

➤ *La plupart des évangéliques, quand ils parlent de l'Evangile ont dans leur esprit "être sauvé", avoir ses péchés pardonnés, etc. mais ce n'est pas le centre de son message tel qu'il est présenté dans le Nouveau Testament. En général, l'expression qui était utilisée n'était pas simplement 'Evangile' mais 'l'Evangile du **royaume**'. Le message de l'Evangile est que Dieu veut gouverner sur la race humaine, et que nous devons revenir sous la royauté de Jésus.*

**"Votre langue a-t-elle besoin de guérison?"
➤ *Tôt ou tard, chaque chrétien est confronté au besoin impératif de contrôler sa langue, mais il n'y parvient pas. Derek Prince apporte au lecteur l'enseignement biblique et les étapes pratiques nécessaires pour discipliner la langue*

**"Façonner l'histoire par la prière et le jeûne"
➤ *Par ce livre Derek Prince donne des exemples aussi bien de l'histoire que de sa propre expérience, comme la combinaison puissante du jeûne et de la prière peut effectuer parfois un changement du cours de l'histoire pour une nation tout entière.*

**"Dieu est un Faiseur de mariages"
➤ *Comment se préparer au mariage? Quel est le plan de Dieu pour le mariage? Qu'est-ce que la Bible dit sur le divorce? Est-ce que la Bible permet de se remarier? Dans quelles conditions? Vous trouverez des réponses claires et bibliques à ces questions si pressantes, à partir d'une expérience personnelle et de plus de cinquante ans de ministère.*

**"Le plan de Dieu pour votre argent"
➤ *Dieu a un plan pour tous les aspects de votre vie, y compris celui de vos finances. Dans ce livre, Derek Prince révèle comment gérer votre argent pour que vous puissiez vivre sous la bénédiction de Dieu et dans l'abondance qu'il a voulues et entendues pour vous.*

Et autres (mars 2011 93 titres disponibles).

Ecrivez à notre adresse pour recevoir gratuitement un catalogue de tous les livres et de toutes les cassettes de Derek Prince, des lettres d'enseignement gratuites (France et DOM/TOM uniquement) et pour être tenu au courant de toutes les nouvelles éditions, et toute autre nouvelle de:

DEREK PRINCE MINISTRIES FRANCE
9, Route d'Oupia, boîte postale 31, 34210 Olonzac, FRANCE
Tél (33) 04 68 91 38 72, fax (33) 04 68 91 38 63
Email: info@derekprince.fr * www.derekprince.fr

Table des matières

Préface de Ruth Prince

Peu après que je vienne à connaître le Seigneur Jésus comme mon Sauveur et Messie en 1970, je suis entrée en contact avec de réels chrétiens dont les mariages étaient un témoignage constant de la seigneurie de Christ dans leurs vies. A peu près au même moment, j'ai connu l'enseignement et le ministère de Derek Prince, de Charles Simpson et d'autres. En tant que femme célibataire, ma prière au Seigneur était: «Place-moi sous autorité, à la place que tu as pour moi, afin que je puisse te servir de la meilleure façon, et aider à préparer le retour de ton royaume.»

Mes prières furent exaucées plusieurs années plus tard, d'une manière que je n'avais pas prévue, lorsque Dieu me choisit pour être l'épouse de Derek Prince, sa *«nouvelle compagne»* (Genèse 2:18). La première femme de Derek, Lydia, était une personne extraordinaire, qui avait sacrifié sa vie et son propre ministère couronné de succès à Jérusalem pour son mari. Quand Derek l'épousa en 1946, elle était là-bas un leader spirituel respecté, avec un travail établi par ses soins.[1] Cependant, elle accepta volontiers son rôle de second plan d'intercesseur, de maîtresse de maison, de soutien - celui d'une vraie épouse.

Lorsque je suis entrée pour la première fois en contact plus personnel avec Derek, j'ai été impressionnée par la façon dont il vivait son enseignement dans sa conduite personnelle; «il

---

[1] L'histoire de Lydia Prince est racontée dans sa biographie, écrite par Derek Prince, intitulée "Appointment in Jerusalem" (Rendez-vous à Jérusalem). Ce livre, écrit comme un roman, est disponible en français, comme la suite 'Une mère en Israël, le témoignage de Lydia Prince.'

pratique ce qu'il enseigne». J'ai remarqué qu'une grande partie de sa capacité à répondre aux besoins du peuple de Dieu avait ses racines dans la relation que lui et Lydia avaient l'un avec l'autre depuis presque trente ans, et dans leur relation - comme une unité - avec le Seigneur.

Presque toute la matière contenue dans *Le mariage: une alliance* a été développée, et enseignée, avant que j'entre dans la vie de Derek. Cependant, pendant la même période, alors que je vivais à Jérusalem complètement en dehors et sans contact avec son ministère et son enseignement, le Saint-Esprit me parlait dans le même sens de la réelle signification de «l'alliance». Mon étude me conduisit à Genèse au chapitre 15. Je me suis identifiée à l'expérience d'Abraham lorsqu'il entra dans une relation profonde et personnelle avec Dieu, qui changea sa vie - une relation si profonde que nous connaissons encore notre Dieu comme «le Dieu d'Abraham», une vie d'engagement total. Pendant cette même période, j'ai réfléchi aussi sur le rôle des femmes dans le corps de notre Seigneur. Je vis que Dieu avait créé Eve pour le seul but de répondre au besoin d'Adam, et que l'homme n'était pas complet sans sa compagne donnée par Dieu. Il me semble que notre société contemporaine occidentale, et dans la plupart des églises, trop de femmes s'efforcent (souvent bruyamment) de faire des choses pour lesquelles elles n'ont pas été créées, de réussir dans la vie de manière indépendante, comme des individus solitaires. J'ai moi-même, pendant un certain nombre d'années, cherché un épanouissement de cette manière, en tant que femme de carrière. Mais quand je suis entrée en relation avec Jésus, ma vie a été à nouveau dirigée. J'ai commencé à remarquer que les femmes étaient les perdantes - comme aussi les hommes qui n'étaient pas capables d'accomplir ce que Dieu attendait d'eux, en union avec leurs compagnes.

Je réalise que ce n'est pas possible pour chaque homme et pour chaque femme de trouver leur compagnon idéal et que cela est certainement mieux d'être seul avec le Seigneur que d'être attaché inégalement avec un incroyant. Pour beaucoup, il n'y a pas d'autre choix que de rester célibataire. La réalité de la vie de célibataire, que je connais bien, peut être déterminée par la qualité de la relation avec Dieu, et de la relation avec d'autres chrétiens. L'engagement semble être la clef, un engagement envers Dieu, envers sa volonté pour votre vie et un engagement envers cette partie du corps avec laquelle vous êtes lié.

Cela semble approprié que ce livre (la version anglaise originale) soit publié juste quand Derek et moi-même unissons nos vies dans l'alliance du mariage. En même temps, je me joins à la partie du corps avec laquelle il est associé aux Etats-Unis, et lui avec la partie du corps à laquelle j'appartiens à Jérusalem. Nous croyons que nous nous conformons au plan prédestiné de Dieu, alors que chacun de nous donne sa vie à l'autre, que nous pouvons nous fondre dans une nouvelle identité sous la seigneurie de Jésus. Nous savons que nous devons vivre celle-ci de manière quotidienne, comme toute autre réalité sprituelle.

Je crois que ce livre ne contient pas seulement le modèle, mais aussi les instructions pratiques montrant comment y entrer.

Je prie que l'application des principes de ce livre vous conduise, que vous soyez homme ou femme, dans la plénitude que Dieu désire pour vous, dans la relation de l'alliance avec lui et avec son peuple.

* * * * * *

- 1 -

LE MARIAGE EST UNE ALLIANCE

Y a-t-il un secret pour qu'un mariage soit réussi? Pourquoi certains le sont-ils et d'autres pas? Est-ce seulement une question de chance?

Une chose est sûre, s'il y a un secret pour qu'un mariage soit réussi, il faut admettre que, dans notre culture contemporaine, des millions de couples ne l'ont pas découvert. Dans presque tous les pays de culture occidentale, la proportion de divorces, par rapport aux mariages conclus, a augmenté d'une manière dramatique durant les dernières décades. Aux Etats-Unis, on peut dire qu'un mariage sur deux se termine par un divorce. Il y a cinquante ans, une personne au courant de la vie américaine n'aurait jamais pu imaginer qu'une telle situation se développerait en un si court laps de temps.

Cependant, la moyenne des divorces par rapport aux mariages ne nous donne pas encore une image claire de la réalité. Beaucoup de couples, dont le mariage ne s'est pas terminé par un divorce, sont pourtant la proie de circonstances très difficiles et douloureuses. Dans certains cas, il y a des tensions ouvertes, un manque d'harmonie qui perturbent tous ceux qui vivent sous le même toit, que ce soient les parents ou les enfants. Dans d'autres cas, même si la situation apparaît relativement calme en surface, il y a en dessous des déchirures douloureuses dues à l'amertume, au manque de pardon, à la rébellion. Tôt ou tard, ces sentiments font surface sous forme d'une dépression mentale ou émotionnelle dont la cause ne sera peut-être jamais clairement diagnostiquée.

Ceux qui se préoccupent spécifiquement de la santé mentale des gens ont suggéré qu'environ une personne sur quatre, aujourd'hui en Amérique, a ou aura besoin de quelque aide psychiatrique. Dans beaucoup d'hôpitaux, les services de psychiatrie sont débordés et les psychiatres professionnels sont de plus en plus demandés. Tout cela est en rapport direct avec la condition du mariage et de la vie familiale, puisqu'il est en effet généralement reconnu que la plupart des problèmes mentaux ou émotionnels ont pour origine des tensions et des frictions à la maison, et que celles-ci proviennent principalement des relations vécues dans le couple. Ainsi, la détérioration progressive de la santé mentale et émotionnelle est un des nombreux symptômes de notre société contemporaine, et c'est ce qui m'amène à parler de l'un des problèmes les plus urgents de nos jours: l'échec dans le mariage et dans la vie du foyer.

Face à cette situation, certains sociologues actuels ont pris le parti d'accepter passivement l'inévitable. Quelques-uns vont jusqu'à déclarer que le concept du mariage étant «faux» à la base, ce dernier n'a plus sa raison d'être dans une société si «développée» socialement. Il faut cependant constater que beaucoup d'«experts» soutenant ces affirmations sont eux-mêmes le produit de foyers malheureux et sont assez nombreux à avoir vécu au moins un échec dans leur propre vie de mariage. Lorsqu'ils affirment que le mariage n'a plus sa raison d'être et qu'il est démodé, nous avons donc de bonnes raisons de nous demander s'ils ne se trouvent pas eux-mêmes dans la même situation que le renard de la fable d'Esope. Il avait essayé désespérément d'attraper les grappes juteuses et sucrées hors de sa portée, mais il n'y était pas arrivé. D'où sa conclusion désabusée: «De toute façon, ces raisins seront probablement acides!»

Face à cette situation confuse et à ces opinions divergeantes, je voudrais apporter ici mon opinion personnelle, aussi clairement et brièvement que possible. **Je crois qu'il y a un secret qui est la clef d'un mariage réussi**. De plus, je crois que ce dernier est révélé dans les pages d'un livre absolument unique: la Bible.

Avant de donner des explications au sujet de ce secret, je pense qu'il convient de partager quelques détails sur ma vie personnelle. Ce sera une façon de présenter mes «lettres de créances».

Arrière-plan personnel

J'ai été éduqué dans deux des plus célèbres institutions d'Angleterre: Eton et Cambridge. Avant la guerre, j'ai suivi des études de philosophie, et en 1940 j'ai été nommé professeur ordinaire à la faculté de philosophie du King's College de Cambridge. Mais la Seconde Guerre mondiale arrêta ma carrière académique.

En 1941, alors que je travaillais comme auxiliaire dans un hôpital de l'armée britannique, j'eus une rencontre merveilleuse avec Dieu, ce qui bouleversa ma vie. Cette conversion ne correspondait absolument pas avec mes théories philosophiques, ni avec les opinions que je m'étais faites. A partir de cette rencontre, j'ai tiré deux conclusions, et depuis je n'ai jamais trouvé de raison de les changer, à savoir premièrement que Jésus-Christ est vivant, et deuxièmement que la Bible est un livre pertinent, qui dit la vérité et qui s'applique encore à notre temps. Ces deux conclusions ont transformé le cours de mon existence de façon radicale et permanente.

En 1946, à Jérusalem, j'ai épousé une Danoise, Lydia Christensen, qui avait fondé un foyer pour des fillettes abandonnées qu'elle avait trouvées dans cette ville. De par mon mariage avec Lydia, je devins, en une seule journée, le père adoptif de huit filles, dont six étaient juives, une arabe et une anglaise. C'est aussi durant cette période que j'étudiai à l'Université hébraïque de Jérusalem. C'est ainsi qu'en tant que famille nous fîmes l'expérience des réalités les plus sombres: de la faim, de l'état de siège et de la guerre. Plus tard, toute notre famille alla s'installer en Angleterre.

Dans les années qui suivirent, j'eus différents ministères dans plusieurs pays: je fus pasteur en Angleterre, éducateur au Kenya, j'enseignai la Bible et donnai des conférences en Europe, au Canada, aux Etats-Unis, en Nouvelle-Zélande, en Australie et dans d'autres pays. Au cours de mes voyages, Lydia était toujours à mes côtés. Quelquefois, quand nous avions pratiqué ensemble un ministère d'aide et de conseil à l'égard du public, les gens nous disaient: «Vous faites équipe les deux, comme si vous n'étiez qu'une seule personne.»

Au Kenya, nous adoptâmes notre neuvième enfant, une petite fille africaine, encore bébé. Nous réussîmes à élever nos neuf filles. A part la cadette, elles sont à présent[1] toutes mariées et notre famille s'est enrichie de nombreux petits-enfants.

Trente ans plus tard, notre mariage trouva sa fin avec la mort de Lydia. Notre vie commune avait toujours été un livre ouvert - non seulement pour nos enfants, mais aussi pour tous ceux qui, en grand nombre, venaient dans notre foyer chercher un conseil ou le secours de la prière. Parmi tous ceux qui vinrent ainsi chez nous, je me demande si quelqu'un a jamais pu mettre en doute notre union et le fait que nous étions heureux et comblés. Il est certain que nous avons eu notre part normale de problèmes, probablement même plus que ne l'a jamais expérimenté un

---

[1] Le livre a été écrit en 1978.

couple qui a toujours vécu dans un cadre familier. Mais le succès d'un mariage ne dépend pas de l'absence de tensions et de problèmes; il dépend de la qualité de la relation particulière qui se développe entre mari et femme.

Dans les pages qui suivent, j'ai l'intention de vous partager ce secret: comment construire une relation de ce genre. Je crois que ce bref exposé de ma propre existence aura été suffisant pour démontrer que mes convictions ne sont pas seulement des théories abstraites construites dans le vide, mais qu'elles reposent sur l'expérience d'une vie quotidienne réelle.

Je devrais peut-être ajouter qu'au moment où j'écris ces lignes, je suis à la veille de me remarier. Curieusement, comme pour ma première femme, j'ai rencontré celle qui va devenir ma seconde épouse également à Jérusalem. J'envisage cette deuxième union avec une confiance paisible, car, puisque Ruth et moi remplissons les conditions établies par Dieu dans les Ecritures, Dieu couronnera également ce mariage de sa bénédiction.

Le mariage est un «mystère»

Dans Ephésiens 5:22-32, Paul explique le point de vue chrétien sur le mariage. Il conclut en disant: *«Ce mystère est grand ...»* Il reconnaît donc que le mariage est un mystère. A l'époque de Paul, le mot *«mystère»* avait une signification plus spécifique qu'aujourd'hui. Il avait un sens religieux. Cela sous-entendait une forme de connaissance par laquelle on obtenait des bienfaits appréciables qui n'étaient néanmoins réservés qu'à un groupe de gens liés entre eux par leurs pratiques religieuses. Pour avoir accès auprès de cette connaissance, il fallait passer pas une «initiation» qui vous introduisait dans le groupe.

Ainsi, quand Paul emploie ce terme de *«mystère»* pour décrire la relation dans le mariage, il suggère deux choses: premièrement qu'il y a une forme de connaissance cachée qui peut permettre au mariage d'être vraiment ce qu'il doit être. Deuxièmement, qu'une personne ne peut acquérir cette connaissance qu'en se soumettant à certains tests et qu'en remplissant certaines conditions. Le but essentiel de ce livre est d'initier le lecteur à ces tests et à ces conditions.

Dans le livre du Deutéronome, quand les enfants d'Israël furent prêts à recueillir leur héritage promis dans la terre de Canaan, Moïse leur rappela le style de vie que Dieu avait prévu pour eux dans ce nouvel environnement. Il leur promit, en tant que porte-parole de Dieu, que s'ils gardaient la loi de Dieu, ils seraient abondamment bénis dans tous les domaines de leur vie. Moïse leur dit en particulier que leurs foyers seraient comme les *«cieux au-dessus de la terre»* (Deutéronome 11:21). Il leur décrivit un merveilleux tableau d'harmonie et de bonheur ininterrompu. Telle était la vie de famille que Dieu avait prévue pour son peuple.

Environ mille deux cents ans plus tard, par la bouche du prophète Malachie, Dieu fit le point sur la conduite d'Israël depuis que le peuple était entré en possession de son héritage. En général, les Israélites n'avaient pas rempli les conditions imposées par Dieu et n'avaient par conséquent pas pu jouir du niveau de vie prévu pour eux par lui. Dans son évaluation de la situation, Dieu met le doigt sur tout un nombre de manquements bien précis. L'un de ces points concernait la vie de famille, et tout particulièrement le mariage. Voici ce que Dieu dit à ce sujet dans Malachie 2:13-14:

> *Voici en second lieu ce que vous faites: vous couvrez l'autel de l'ETERNEL de larmes, de pleurs et de*

gémissements, en sorte qu'il ne se tourne plus vers l'offrande et qu'il n'agrée rien de vos mains. Et vous dites: Pourquoi?... Parce que l'ETERNEL a été témoin entre toi et la femme de ta jeunesse que tu as trahie, bien qu'elle soit ta compagne et la femme de ton alliance.

Il était clair que, dans ce domaine, leur échec ne consistait pas en un manque de religiosité. En effet, ne *«couvraient-ils pas l'autel de l'ETERNEL de leurs larmes, de leurs pleurs et de leurs gémissements»*? Cependant, malgré toutes leurs prières, leurs mariages étaient des échecs. Nous sommes confrontés à la même situation aujourd'hui. Les gens sont parfois très engagés dans leurs activités religieuses et cependant ils ne parviennent pas à réussir leur mariage. Leur religion ne les rend pas capables d'avoir une vie familiale réussie. Il faut même dire qu'une préoccupation excessive pour la religion, de la part de l'un ou de l'autre membre du couple, en dehors du foyer, est un facteur qui contribue parfois de manière importante à l'échec d'un mariage.

La raison fondamentale de l'échec d'Israël est contenue dans la dernière phrase du verset 14: «... *bien qu'elle soit ... la femme de ton alliance».* Israël en était arrivé à considérer le mariage comme une relation entre deux individus, pour laquelle il entendait poser ses propres conditions, une relation que le peuple pouvait commencer ou terminer selon son bon plaisir. Dieu leur rappela cependant qu'il avait une vue du mariage entièrement opposée. Selon le but fixé par lui et tout à fait immuable, le mariage est une alliance. Et *voilà le secret qui seul assure la réussite d'un mariage.* Une fois que l'on oublie ce secret, ou qu'on l'ignore, le mariage perd inévitablement son caractère sacré et, par la même occasion, sa force et sa stabilité. Dans notre civilisation contemporaine, nous avons une situation très analogue à celle prévalant dans l'Israël du temps de Malachie, et la racine de ce mal a la même cause: une compréhension erronée du mariage.

Les standards de Jésus relatifs au mariage

Après Malachie, la révélation suivante et la plus complète concernant le mariage nous est donnée par Jésus. L'essentiel de son enseignement sur le mariage est contenu dans une conversation entre Jésus et les Pharisiens, telle que nous le rapporte Matthieu 19:3-9:

> *Les Pharisiens l'abordèrent et dirent pour l'éprouver: Est-il permis à un* homme *de répudier sa femme pour n'importe quel motif? Il répondit: N'avez-vous pas lu que le Créateur, au commencement, FIT L'HOMME ET LA FEMME et qu'il dit: C'EST POURQUOI L'HOMME QUITTERA SON PERE ET SA MERE ET S'ATTACHERA A SA FEMME, ET LES DEUX DEVIENDRONT UNE SEULE CHAIR? Ainsi ils ne sont plus deux, mais une seule chair. Que l'homme ne sépare donc pas ce que Dieu a uni. Pourquoi donc, lui dirent-ils, Moïse a-t-il commandé de DONNER A LA FEMME UN ACTE DE DIVORCE ET DE LA REPUDIER? Il leur dit: C'est à cause de la dureté de votre coeur que Moïse vous a permis de répudier vos femmes; au commencement, il n'en était pas ainsi. Mais je vous dis: Quiconque répudie sa femme, sauf pour infidélité, et en épouse une autre, commet un adultère.*

Nous pouvons résumer, dans ce passage, l'enseignement de Jésus en quatre points successifs:

18

1. La conception du mariage, telle qu'elle était acceptée en Israël sous le Judaïsme, était inférieure à celle prévue par la volonté de Dieu.
2. Le véritable but de Dieu, quant au mariage, a été exprimé quand il créa l'homme et la femme.
3. A l'origine, l'homme et la femme étaient si parfaitement unis dans leur mariage qu'ils perdaient leur propre identité pour devenir une *«seule chair»*.
4. C'est le but de Jésus de restaurer le mariage dans la vie de ses disciples, pour que soient retrouvées les exigences prévues par Dieu lors de la création.

Si nous considérons le récit des chapitres 1 et 2 de la Genèse, relatant la création et l'union d'Adam et d'Eve, un fait est constamment accentué: Dieu est impliqué directement et personnellement dans ces actes créateurs. C'est Dieu qui décide, et non Adam, que ce dernier doit avoir une compagne; c'est Dieu qui forme Eve en la tirant d'une côte d'Adam, c'est lui qui la présente à ce dernier et c'est lui qui établit les termes de la relation d'alliance par laquelle il les unit.

Il est donc juste de dire que, tout au long de l'Ancien Testament, le mariage est considéré comme une relation d'alliance. Cependant, le concept qui se développa par la suite sous le Judaïsme était d'un niveau inférieur à celui qui avait trouvé son expression lors de la création. Sous le Judaïsme, cette relation d'alliance n'avait qu'une dimension horizontale - entre un homme et une femme -, **alors que la relation d'alliance**, **à l'origine**, **avait une double dimension - horizontale et verticale**. Horizontale, elle reliait Adam et Eve l'un à l'autre; verticale, elle les reliait à Dieu.

«Une corde à trois fils»

Il y a un passage, dans Ecclésiaste 4:9-12, qui explique en termes allégoriques la différence entre ces deux niveaux mentionnés:

> *Deux valent mieux qu'un, parce qu'ils ont un bon salaire de leur peine. Car, s'ils tombent, l'un relève son compagnon; mais malheur à celui qui est seul et qui tombe, sans avoir un second pour le relever! De même, si l'on se couche à deux, on a chaud; mais celui qui est seul, comment se réchauffera-t-il? Si quelqu'un maîtrise un homme seul, deux peuvent lui résister, la corde à trois fils ne se rompt pas facilement.*

Le principe que donne Salomon pour commencer, *«deux valent mieux qu'un»*, est en accord avec la raison que Dieu donna lorsqu'il décida de donner une compagne à Adam. *«Il n'est pas bon que l'homme soit seul.»* Salomon continue en donnant trois exemples illustrant clairement ce principe: quand deux sont ensemble et que l'un tombe, l'autre peut lui venir en aide; si deux sont couchés ensemble, ils se tiennent mutuellement chaud. Si deux sont attaqués, ils peuvent ensemble repousser l'agresseur. Mais le dernier exemple de Salomon est d'un autre ordre: *une corde à trois fils ne se rompt pas facilement.* Dans ce cas-là, la force ne vient pas seulement du fait que deux sont ensemble, mais *trois*.

Nous pouvons employer l'image de Salomon pour illustrer la différence que nous avons remarquée entre le concept du mariage sous le Judaïsme, et celui qui avait été établi par Dieu lui-même à la création. Les trois premiers exemples de Salomon, *«deux ensemble»*, illustrent le mariage du point de vue humain, c'est-à-dire une relation horizontale, uniquement entre un homme et une femme. Mais la quatrième illustration de Salomon, *«la corde à trois fils»*, décrit le mariage tel que Dieu l'a conçu à la création, unissant trois personnes: un homme, une femme et Dieu. La relation entre l'homme et la femme est sur le plan humain, mais lorsque Dieu est introduit dans cette relation, une nouvelle dimension est ajoutée. Dieu devient partie intégrante du mariage.

Une des caractéristiques révolutionnaires de l'enseignement de Jésus est son standard du mariage. Il se refusait à tout ce qui était d'un niveau inférieur à ce que Dieu avait conçu dans son plan initial. C'est pourquoi l'image de Salomon de *la corde à trois fils* n'illustre pas seulement le modèle du mariage établi lors de la création, mais il montre aussi, avec force, le modèle du mariage proposé aux croyants d'aujourd'hui qui sont unis par leur foi en Christ. **Les trois fils sont l'homme, la femme et Dieu. Le principe qui les lie d'une manière inséparable est l'alliance.** Ce que Salomon dit, de la corde ainsi formée, est toujours valable aujourd'hui: *«elle n'est pas rompue facilement».*

Il y a quelque temps, je faisais une conférence en Nouvelle-Zélande, et j'y ai développé l'image de *la corde à trois fils*. A la fin de mon exposé, un homme s'est levé et s'est présenté: «Je suis fabricant de cordes, dit-il, et je peux confirmer que ce que vous nous avez dit est absolument vrai sur le plan pratique: la corde la plus solide est celle qui est composée de trois fils.»

Il me donna alors l'explication suivante: si l'on veut que les fils se touchent au maximum, il faut qu'il y en ait trois. Si vous enlevez un fil pour n'en laisser que deux, il est évident que vous affaiblissez la corde. Mais si vous ajoutez un fil et que vous en utilisez quatre, vous ne renforcerez pas votre corde, car les fils ne se touchent plus les uns les autres de la même manière. Si vous avez une corde à trois fils, un ou même deux fils peuvent subir une tension forte et commencer à s'effilocher; mais tant que le troisième fil tient bon, la corde ne se rompra pas.

L'explication du fabricant de cordes me donna une vision si claire du mariage chrétien comme étant une corde à trois fils, que j'ai médité là-dessus pendant plusieurs jours. Par les yeux de mon intelligence, je pouvais voir la corde soumise à une tension tellement énorme que deux brins commençaient à s'effilocher. Mais le troisième fil restait solide et il tenait jusqu'au moment où la traction se relâchait et où l'on pouvait nouer les bouts de fils qui commençaient à céder.

«Oui! c'est exactement ce qui se passe», me disais-je. C'est véritablement l'image du mariage chrétien. Il y a des moments de tension tels que le mari et la femme commencent à céder et se sentent incapables de tenir bon. Mais Dieu lui-même est le troisième fil et il tient bon jusqu'à ce que mari et femme puissent être guéris et restaurés.

Dans notre comparaison du mariage chrétien *à trois fils*, nous avons dit que **le principe qui emmêle les fils, et les fait tenir ensemble**, est l'*alliance*. Il est donc évident que cette dernière est un élément essentiel pour qu'un mariage soit une heureuse union. Et cependant, bien que l'alliance soit l'un des thèmes centraux de la révélation biblique, elle est bien mal comprise de la plupart des chrétiens aujourd'hui. C'est pourquoi, dans le chapitre deux, nous allons examiner la nature de l'alliance telle qu'elle nous est révélée dans les Ecritures. Dans le chapitre trois, nous donnerons d'une façon pratique des explications pour montrer comment l'alliance agit pour unir l'homme et la femme dans le mariage et comment elle les maintient ensemble. Respectivement dans les chapitres quatre et cinq, nous montrerons comment l'alliance est un lien essentiel et vital dans deux autres types de relations très importantes: entre Dieu et chaque chrétien, et entre les chrétiens entre eux, dans leur relation les uns avec les autres.

Au chapitre six, «le point de décision», nous donnerons quelques conseils pratiques à ceux qui sentent la nécessité d'appliquer à leurs relations personnelles les principes exposés dans ce livre.

* * * * * * *

- 2 -

LA NATURE DE L'ALLIANCE

Qu'y a-t-il dans une alliance qui puisse ainsi donner au mariage une solidité et une stabilité qui ne sont pas possibles autrement? Essentiellement, qu'est-ce qu'une alliance?

La nature de l'alliance est l'un des secrets que l'Ecriture sainte garde jalousement. C'est une *perle* que Dieu ne jettera pas à ceux qui risqueraient de la mépriser; c'est une chose sainte qu'il ne dévoilera pas aux impurs. Dans le Psaume 25:14, David dit: *«La pensée secrète de l'ETERNEL est pour ceux qui le craignent, et cela pour leur faire connaître son alliance.»* Nous devons aborder le secret de l'alliance avec la même crainte respectueuse que nous prenons pour nous approcher de Dieu. Pour tous ceux qui n'ont pas cette attitude, ce secret reste caché.

De plus, une compréhension de l'alliance nécessite une étude attentive et approfondie des Ecritures, étude qui exige du temps et de la concentration. Dans Proverbes 2:4, Salomon affirme que ceux qui désirent le discernement et l'intelligence doivent les rechercher *«comme de l'argent, comme un trésor caché»*. Cela implique donc un effort soutenu. De même que la terre ne dévoile pas ses trésors à l'observateur superficiel, de même la Bible ne révèle la vraie nature de l'alliance qu'à ceux qui sont prêts à creuser en dessous de la surface et qui acceptent de prendre du temps pour faire cette investigation.

Ces quelques remarques sont une introduction à l'étude de l'alliance que nous allons entreprendre maintenant dans ce chapitre. A première vue, cela semblera peut-être difficile et laborieux. Mais si nous poursuivons notre recherche avec patience et diligence, nous découvrirons finalement des trésors d'une valeur inestimable. Ceux-ci feront l'objet des chapitres qui suivront.

Définition de l'alliance

Dans la Parole, il y a deux mots essentiels pour parler de l'«alliance». Le mot grec, utilisé dans le Nouveau Testament, est *diatheke*. Le terme hébreu, employé dans l'Ancien Testament, est *b'rit* (ou *b'rith*). Ce mot se retrouve dans le nom d'une organisation hébraïque bien connue, *B'nai B'rith*, ce qui signifie littéralement «les fils de l'alliance». Chacun de ces termes, *diatheke* et *b'rith*, sont traduits en français par deux mots différents: *alliance* et *testament*. La traduction française emploie l'un ou l'autre de ces termes suivant le contexte.

En français, nous ne pensons généralement pas que l'*alliance* et le *testament* ont la même signification. *Testament* a pour nous le sens d'un document légal qui - comme le soulignent les Ecritures - ne trouve sa raison d'être qu'après la mort de celui qui l'a fait (voir Hébreux 9:16-17). D'autre part, nous ne pensons généralement pas à une *alliance* comme étant associée à la mort de l'un des partenaires de ladite alliance. Pourtant, d'après le concept des Ecritures, cette distinction entre *testament* et *alliance* n'est pas valable. Dans la Parole, l'*alliance* est un *testament*, et le *testament* est une *alliance*.

Nous savons tous, naturellement, que la Bible nous est parvenue sous la forme de deux *testaments*: l'Ancien et le Nouveau. Cependant, notre compréhension est éclairée si nous remplaçons le mot *testament* par celui d'*alliance*, et que nous parlions d'Ancienne Alliance et de Nouvelle Alliance. C'est sûrement un fait d'une extrême importance que toute la révélation de Dieu à l'être humain soit exprimée sous la forme de *deux alliances*. Ainsi, **nous comprenons que le concept d'alliance est central à l'ensemble de la révélation divine**. Si nous ne saisissons pas la nature de l'alliance, comment pouvons-nous espérer comprendre la vraie signification du message de Dieu pour nous?

Quel est donc le sens de ce mot *alliance*? Il n'est pas facile d'en donner une définition simple et précise. On pense que la racine du mot hébreu *b'rit* est *lier*, mais cela n'est pas certain. Il est cependant sûr qu'une alliance est un lien. La racine du terme grec *diatheke* signifie «*mettre quelque chose en ordre*». Cela suggère donc la mise au point de termes et de conditions spécifiques. Le mot grec a une résonance plus juridique que son équivalent *b'rit*.

Dans les Ecritures, nous trouvons deux types différents d'alliance. Le premier se situe au niveau horizontal, l'alliance entre deux êtres humains. Cette alliance-là ressemble davantage à un «contrat». Par exemple, Salomon fit une alliance avec Hiram, le roi de Tyr (1 Rois 5:26). Par cette alliance, Salomon et Hiram s'engageaient à une amitié mutuelle et ils établissaient les conditions dans lesquelles Hiram devait fournir à Salomon des matériaux et de la main-d'oeuvre pour la construction du temple.

Bien que cette forme d'alliance n'existait que sur le plan humain - entre deux rois -, il est intéressant de remarquer ce que Dieu déclara plus tard par la bouche du prophète Amos, quand il dit qu'il enverrait son jugement sur le royaume de Tyr. Une des raisons évoquées pour ce jugement était que *«Tyr ne s'était pas souvenu de l'alliance fraternelle»*, c'est-à-dire de l'alliance contractée entre Salomon et Hiram (Amos 1:9). Nous voyons donc que même sur le plan des relations humaines, Dieu considère que la rupture de l'alliance est une chose grave et que cela amène un jugement sur celui qui est fautif.

L'alliance: base de la relation

Cependant, dans un sens plus profond encore, l'emploi principal du terme alliance dans la Parole ne s'applique pas à un contrat entre deux êtres humains au niveau horizontal, mais à une relation que Dieu a décidée dans sa souveraineté, entre lui-même et l'homme. Dans cette alliance, les deux parties ne sont pas situées au même niveau. Essentiellement, une alliance signifie une relation dont Dieu prend souverainement l'initiative. Elle dépend de son choix et de sa décision. C'est lui qui définit les termes selon lesquels il est prêt à entrer dans cette relation avec l'être humain. Il faut insister sur le fait que **cette initiative est entièrement celle de Dieu et que les modalités sont exclusivement définies par Dieu**. Le rôle de l'homme consiste uniquement à répondre à l'offre d'alliance de Dieu, et à accepter la relation qui sera établie par cette alliance.

L'homme ne définit pas les termes de l'alliance, et ce n'est pas lui qui prend l'initiative de la relation. Il faut être un peu presbytérien ou calviniste pour comprendre cet aspect de l'alliance. Historiquement, c'est la tendance calviniste qui, dans le protestantisme, a fait ressortir l'importance de l'alliance. En insistant sur ce point, on a préservé une vérité très importante. J'irais même jusqu'à dire que nous ne pouvons pas comprendre notre relation avec Dieu si nous ne saisissons pas le concept biblique de l'alliance.

En dernière analyse, toute relation de Dieu avec l'être humain est basée sur une alliance. **Dieu n'entre jamais en relation permanente avec qui que ce soit en dehors d'une alliance**. Dans le Psaume 50:1-5, le psalmiste donne une prophétie concernant le Seigneur qui, à la fin des temps, revient dans la gloire et la puissance pour rassembler son peuple.

Dans ce passage il définit clairement ceux que Dieu reconnaîtra comme son peuple.

> *Dieu, Dieu, l'ETERNEL, parle et convoque la terre, depuis le soleil levant jusqu'au soleil couchant.* (Cela est un appel adressé à toute la terre.) *De Sion, beauté parfaite, Dieu resplendit. Il vient, notre Dieu, il ne reste pas en silence; devant lui est un feu dévorant, autour de lui une violente tempête.* (Cela est une prophétie annonçant le retour du Seigneur qui vient juger la terre en puissance et en gloire.) *Il crie vers les cieux en haut, et vers la terre, pour juger son peuple:* (Ici, il s'agit du jugement du peuple de Dieu devant le trône de Christ. Ce n'est pas le jugement des incroyants, mais des croyants; non pas un jugement pour punir, mais pour récompenser.) *Rassemblez-moi mes fidèles, qui ont fait une alliance avec moi par le sacrifice!* (Ce verset nous explique
> à qui s'adresse l'appel de Dieu.)

Le mot *fidèle* du verset 5 est *hassid*. C'est le terme que nous retrouvons dans le judaïsme, *hassidique*, la forme de judaïsme orthodoxe la plus stricte et la plus consacrée. Un *hassid* est une personne dont la vie est entièrement tournée vers Dieu et qui n'existe que pour Dieu.

Cependant, le psalmiste définit ici qui sont les *«fidèles»* - les véritables *hassidim* - comme étant *«ceux qui ont fait alliance avec moi par le sacrifice»* - ou, plus littéralement, *«ceux qui ont coupé mon alliance, sur la base d'un sacrifice»*. En hébreu, on dit «couper» une alliance, plutôt que simplement faire alliance. Cela suggère l'action du couteau qui met à mort la victime du sacrifice. *«Mon»* alliance signifie très spécifiquement l'alliance dont Dieu a pris l'initiative, l'alliance éternelle. C'est la seule base valable sur laquelle Dieu fait alliance: la base d'un sacrifice. Sans sacrifice, il n'y a pas d'alliance.

Il y a des années, en 1944 environ, quand je me mis à étudier la Bible en hébreu, le Saint-Esprit me poussa à faire quelque chose d'inattendu. Je pris trois crayons de couleur, un bleu, un vert et un rouge, et je soulignai d'une teinte différente les trois thèmes que j'étudiais. Ceux-ci étaient: l'alliance, le sacrifice et l'aspersion du sang. Le bleu était pour l'alliance, le vert pour le sacrifice et le rouge pour le sang répandu. C'est ainsi qu'il me fut révélé quelque chose. Je découvris que chaque fois que j'avais du bleu, j'avais aussi du vert; et là où j'avais souligné en vert, j'avais aussi dû mettre du rouge. Autrement dit, chaque fois qu'il y a une alliance, il y a un sacrifice, et chaque fois qu'il y a un sacrifice, il y a du sang répandu.

Cela concorde avec la description du peuple de Dieu - de ses «fidèles» - dans le Psaume 50:5: «*... ceux qui ont coupé mon alliance sur la base d'un sacrifice*». Deux éléments sont donc nécessaires pour entrer dans une relation permanente avec Dieu: l'*alliance* et le *sacrifice*. **Sans alliance, pas de relation avec Dieu, et sans sacrifice, pas d'alliance**.

Il est remarquable de constater historiquement de quelle manière les hommes faisaient alliance avec Dieu, avant la Nouvelle Alliance en Jésus-Christ. Beaucoup de gens n'en sont pas conscients. Il en est question dans Jérémie 34:18-20. C'est une période de l'histoire d'Israël où ce peuple était réfractaire et en pleine rébellion par rapport à son alliance avec Dieu. Les Israélites avaient fait quelque chose que Dieu leur avait défendu de faire: ils avaient pris pour esclaves certains de leurs compagnons israélites. Lorsque Dieu le leur reprocha par la bouche du prophète Jérémie, ils firent mine de se repentir et entrèrent dans une alliance selon laquelle ils acceptèrent de rendre la liberté à leurs esclaves. Mais à la suite de cela, ils mirent le comble à leur péché en rompant l'alliance, et en reprenant leurs esclaves. La seule partie qui nous concerne, dans ce texte, est la procédure suivie pour entrer dans l'alliance. Cela a une signification qui va bien au-delà de ce moment de l'histoire d'Israël. Voici le récit que nous lisons dans Jérémie 34:18-20:

> *Et Dieu dit: «Je livrerai les hommes qui ont enfreint mon alliance, qui n'ont pas accompli les conditions de l'alliance qu'ils avaient conclue devant moi,* en *coupant un veau en deux et en passant entre ses morceaux. Je livrerai les chefs de Juda et les chefs de Jérusalem, les eunuques, les sacrificateurs, et tout le peuple du pays, qui ont passé entre les morceaux du veau; je les livrerai entre les mains de leurs ennemis...»*

Cela donne une dimension supplémentaire à notre compréhension sur la manière d'entrer dans une alliance. Non seulement le fait de faire une alliance nécessitait un sacrifice, mais celui-ci devait être accompli d'une certaine manière. La victime sacrifiée devait être coupée en deux morceaux, et ces derniers étaient placés l'un en face de l'autre avec un espace entre les deux. Alors les participants à l'alliance passaient entre les deux morceaux de la bête sacrifiée. Tel était l'acte par lequel ils entraient dans l'alliance.

L'alliance de Dieu avec Abram

Tout en nous souvenant de la manière selon laquelle l'alliance était consacrée, lisons Genèse 15:7-18 qui nous décrit comment le Seigneur entra dans l'alliance avec Abram (dont le nom n'était pas encore Abraham):

> *L'Eternel lui dit encore: Je suis l'ETERNEL, qui t'ai fait sortir d'Ur en Chaldée, pour te donner en possession ce pays. Abram répondit: Seigneur Eternel, à quoi reconnaîtrai-je que je le posséderai? Et l'Eternel lui dit: Prends une génisse de trois ans, une chèvre de trois ans, un bélier de trois ans, une tourterelle et une jeune colombe pour me les offrir. Abram prit tous ces animaux, les coupa par le milieu et mit chaque moitié l'une vis-à-vis de l'autre, mais il ne partagea pas les oiseaux. Les oiseaux de proie s'abattirent sur les cadavres; et Abram les chassa. Au coucher du soleil, Abram fut accablé de sommeil et aussi de frayeur dans l'obscurité profonde. Et l'Eternel dit à Abram: Sache que tes descendants seront des immigrants dans un pays qui ne sera pas le leur; ils y seront asservis, et on les maltraitera pendant quatre cents ans. Mais je jugerai la nation dont ils auront été les esclaves, et ils sortiront ensuite avec de grands biens. Toi, tu mourras en paix, tu seras enseveli après une heureuse vieillesse. A la quatrième génération, ils reviendront ici; car c'est alors seulement que la déchéance des Amoréens aura atteint son comble. Quand le soleil fut couché, l'obscurité devint profonde; alors une fournaise fumante et des flammes passèrent entre les animaux partagés. En ce jour-là, l'Eternel conclut une alliance avec Abram en disant: Je donne ce pays à ta descendance; depuis le fleuve d'Egypte jusqu'au grand fleuve ...*

Ce récit commence par la promesse du Seigneur à Abram de lui donner le pays de Canaan en possession. Abram lui répond en lui posant une question: «*A quoi reconnaîtrai-je que je le posséderai?*» La réponse de Dieu est l'institution de l'alliance. Autrement dit, l'engagement solennel de Dieu de faire quelque chose est scellé par une alliance. Quand Dieu est entré dans une alliance, il ne peut pas faire davantage pour s'engager. **L'alliance représente l'engagement irrévocable et définitif.** A partir du moment où Dieu a fait son alliance avec Abram, il ne parle plus au futur. Il ne dit pas: «je te donnerai...», mais «*je te donne...*». L'alliance a scellé la promesse, irrévocablement, définitivement.

La manière dont l'Eternel entre dans l'alliance avec Abram correspond exactement à celle qui est décrite dans Jérémie 34:18-20. Abram dut prendre les victimes, les tuer, les diviser en deux morceaux. Puis, à un moment donné, le Seigneur et Abram passèrent entre les deux morceaux du sacrifice. Par cet acte étrange, le Seigneur scella l'engagement de son alliance avec Abram.

Regardons maintenant quelques détails de cette transaction, car chacun d'eux est révélateur. «*Les oiseaux de proie s'abattirent sur les cadavres et Abram les chassa.*» (verset 11) Ces mots me rappellent des souvenirs très précis.

Pendant la Seconde Guerre mondiale, alors que j'étais dans l'armée britannique et stationné en Egypte, je fus malade et passai une année entière à l'hôpital avec un mal que les médecins ne savaient apparemment pas guérir. Dans mon désespoir, je me mis à lire la Bible pour voir quelle consolation elle pouvait m'apporter. Finalement, après avoir lu la Bible en entier, je conclus que Dieu avait pourvu à ma guérison par la mort de Jésus-Christ sur la croix, et que cela faisait partie de l'alliance que Dieu avait faite avec moi en Jésus-Christ. Mais tandis que je cherchais à comprendre cette vérité, mon esprit était constamment en proie à des attaques de dépression, et assombri par le doute.

Etendu sur mon lit, luttant de toutes mes forces pour m'approprier, grâce à Jésus-Christ, les bénéfices de cette alliance, et tout en chassant cet esprit de dépression et de doute, je tombai sur ce passage de Genèse 15 et je vis que c'était le travail d'Abram de chasser les oiseaux de proie. Dieu avait prévu les objets du sacrifice, mais c'était à Abram qu'il incombait de les maintenir intacts. De la même façon, Dieu avait pourvu au sacrifice pour moi, en Jésus-Christ, mais c'était à moi qu'il incombait d'empêcher ces oiseaux maléfiques de se jeter sur le sacrifice et de m'en ravir le bénéfice. Je compris qu'il y aurait donc une période pendant laquelle je devrais chasser ces oiseaux. Peu importait combien de fois le doute, le manque de foi ou la peur m'attaqueraient, j'avais pour privilège et pour responsabilité de préserver intacts les victimes destinées au sacrifice. Il ne fallait pas qu'elles soient profanées par ces oiseaux démoniaques qui voulaient, eux, s'en nourrir, tout en m'enlevant mon héritage.

Ensuite, au verset 12, il est dit qu'«*au coucher du soleil, un sommeil profond tomba sur Abram, et voici une frayeur et une obscurité vinrent l'assaillirent*». Abram fit, à ce moment-là, une très profonde expérience spirituelle. En tant que croyant adulte et engagé, il passa par *«la frayeur et une grande obscurité»*. Est-ce que votre théologie fait mention d'une telle expérience? Savez-vous que quelques-uns des plus grands saints de Dieu passent par un temps d'obscurité spirituelle? Ce n'est pas forcément le signe d'un manque de maturité ou de faiblesse que de passer par l'obscurité. En fait, Dieu ne peut pas imposer une telle épreuve à ceux qui sont faibles et qui n'ont pas encore atteint une certaine maturité. Il sait ce que chacun peut endurer. Abram ne fit pas l'expérience des ténèbres parce qu'il manquait de maturité ou faisait preuve de faiblesse, mais parce que cela faisait partie de son expérience spirituelle globale. Ces ténèbres étaient une préfiguration de ce que ses descendants auraient à souffrir en Egypte. En tant que leur père, il fallait qu'il partage leurs souffrances dans une certaine mesure.

Dans les versets 13 à 16, le Seigneur explique à Abram ce qui va arriver à ses descendants en Egypte et comment finalement il interviendrait pour les délivrer et les ramener au pays de Canaan. Ensuite, au verset 17, l'expérience d'Abram prend une nouvelle dimension. *«Quand le soleil fut couché, il y eut une obscurité profonde; et voici, ce fut une fournaise fumante et des flammes passèrent entre les animaux partagés.»* A l'obscurité normale de la nuit s'ajoute la noirceur d'une fumée jaillissant d'un four. Fréquemment dans les Ecritures, le four ou la fournaise sont les symboles d'une souffrance intense. Dans Esaïe 48:10, Dieu dit à Israël: *«Je t'ai fait fondre, mais non pour retirer de l'argent; je t'ai éprouvé au creuset de l'adversité.»*

Cela peut s'appliquer par moment à n'importe quel membre du peuple de Dieu. S'il vous arrive de vous trouver dans la fournaise, souvenez-vous que c'est Dieu qui vous purifie et vous éprouve. La manière selon laquelle vous réagirez dans la fournaise décidera de votre destinée. Vous n'êtes pas dans la fournaise parce que vous avez été rebelle, parce que vous êtes faible ou parce que vous n'avez pas été fidèle. Mais cette épreuve vous arrive parce que la fournaise fera de vous quelque chose que rien d'autre ne pourra faire. Dans Malachie 3:3, Dieu avertit les fils de Lévi, les sacrificateurs, qu'il les purifiera de la même manière qu'on purifie l'or et l'argent. Les métaux précieux ne sont jamais purifiés sans passer par une chaleur intense.

Au milieu de cette obscurité accablante à laquelle Abram était soumis - une obscurité tout à la fois naturelle et surnaturelle -, *des flammes passèrent entre les animaux partagés.* Quelle signification profonde dans cette description! Les flammes étaient la manifestation de l'Esprit de Dieu, correspondant *aux sept lampes ardentes qui sont dans les sept esprits de Dieu que Jean vit devant le trône dans le ciel* (Apocalypse 4:5). Ce fut à ce moment-là - en cet instant de totales ténèbres - que le Seigneur, apparaissant dans une flamme de feu, prit un engagement avec Abram. Il passa entre les animaux partagés et, en le faisant, il entra dans l'alliance.

Laissez-moi vous rappeler un instant mon expérience en Egypte, alors que j'étais à l'hôpital. Ce fut à ce moment d'obscurité dans ma vie que la vérité de ce passage du chapitre 15 de la Genèse prit tout son sens pour moi. J'appris alors qu'il y a des moments de totales ténèbres où le Saint-Esprit éclairera une seule chose: les emblèmes du sacrifice. Et cela, parce que c'est la seule chose qu'il nous est nécessaire de voir. Le sacrifice est l'emblème de l'alliance, et l'alliance est l'engagement irrévocable et définitif de Dieu envers nous.

Vous passerez peut-être par des temps où vous ne verrez qu'une seule chose: que Jésus est mort pour vous. C'est la seule chose nécessaire. Tout est inclus dans cette vision. Romains 8:32 nous le dit: *«Lui qui n'a pas épargné son propre Fils, mais l'a livré pour nous tous, comment ne nous donnera-t-il pas aussi tout avec lui, par grâce?»* Il y a des moments où c'est la seule promesse à laquelle vous pourrez vous raccrocher: celle de l'alliance qui a été faite par la mort sacrificielle du Seigneur Jésus-Christ.

C'est ainsi que Dieu et Abram entrèrent dans l'alliance. Comme je le vois, chacun passa à son tour entre les bêtes partagées.

N'est-il pas étonnant que le Dieu tout-puissant fasse cela avec un homme? Cela me stupéfie de penser que, d'une certaine façon, Dieu ait accepté de descendre du ciel pour passer entre les morceaux d'animaux sacrifiés, afin de sceller son engagement vis-à-vis d'Abram. Je suis bouleversé quand je réalise jusqu'où Dieu a accepté de s'abaisser pour s'engager personnellement avec un homme.

L'alliance n'est valable que s'il y a mort

Mais pourquoi ce sacrifice était-il nécessaire? Pourquoi était-ce la seule manière d'entrer dans l'alliance? La réponse, c'est que le sacrifice symbolisait la mort de chacun des partenaires de l'alliance. Quand chaque membre passait entre les morceaux partagés, il disait pratiquement: «Ceci est ma mort. Cet animal est mort comme mon représentant. Il est mort à ma place. J'entre dans cette alliance par la mort. Maintenant que je suis dans l'alliance, je n'ai plus le droit de vivre.» C'est pourquoi ni l'hébreu ni le grec ne font de distinction entre *alliance* et *testament*.

La nécessité de la mort pour rendre une alliance valide est explicitée dans Hébreux 9:16-17:

> *Car où il y a testament, il est nécessaire que la mort*
> *du testateur soit constatée. Un testament, en effet,*
> *n'entre en vigueur qu'après le décès, puisqu'il n'a*
> *pas de validité tant que le testateur est en vie.*

Ces mots ne laissent aucune ambiguïté. Celui qui entre dans l'alliance, y entre par la mort. Tant qu'une personne reste vivante, il n'y a pas d'alliance. Il est impossible d'être dans l'alliance et de rester vivant. La mort de l'animal sacrifié est physique, mais elle symbolise une autre forme de mort pour celui qui offre le sacrifice et passe entre les morceaux partagés. Celui qui fait cela renonce, dès cet instant, au droit de vivre pour lui-même. Lorsque les participants à l'alliance passent entre les morceaux du sacrifice, ils se disent virtuellement l'un à l'autre: «Si cela est nécessaire, je mourrai pour toi. A partir de maintenant, tes intérêts sont plus importants que les miens. Si je possède quelque chose dont tu as besoin, ce qui m'appartient sera à toi. Désormais, je ne vis plus pour moi-même, je vis pour toi.»

Aux yeux de Dieu, cette manière de consacrer l'alliance n'est pas un rituel vide de sens. C'est un engagement solennel et sacré. Si nous remontons dans le cours de l'histoire pour y trouver les conséquences qui découlèrent de l'alliance de Dieu et d'Abram, nous voyons que chacun des participants dut mettre en pratique l'alliance qu'il avait contractée.

Quelques années plus tard, quand Abram fut devenu Abraham, Dieu lui dit: «Je veux que tu me donnes ton fils Isaac, ton fils unique. Ce qu'il y a de plus précieux dans ta vie ne t'appartient plus, car toi et moi avons fait alliance. Ton fils m'appartient.» Il faut reconnaître, au crédit éternel d'Abraham, qu'il n'hésita pas. Il était même prêt à offrir Isaac. Ce n'est qu'au dernier moment que le Seigneur intervient directement du ciel et l'empêcha de tuer son fils (Genèse 22).

Cependant, ce fait n'est pas la fin de l'histoire; le Seigneur s'était aussi engagé envers Abraham. Deux mille ans plus tard, Dieu, à son tour, prit sa part de l'alliance. Pour répondre au besoin d'Abraham et de ses descendants, il offrit son fils unique. Mais cette fois, il n'y eut pas de commutation, de substitution de dernière minute. Sur la croix, Jésus donna sa vie; c'était le prix payé pour la rédemption d'Abraham et de tous ses descendants. Cet événement fut la conséquence de l'engagement pris entre Dieu et Abram, lors de cette sombre nuit, deux mille ans auparavant, lorsqu'ils passèrent l'un et l'autre entre les morceaux du sacrifice. Tout ce qui suivit par la suite, dans le cours de l'histoire, fut déterminé par cette alliance.

On ne dira jamais assez combien solennel, total et irrévocable est l'engagement pris lors d'une alliance.

* * * * * * *

- 3 -

L'UNION ENTRE L'HOMME ET LA FEMME

Dans le premier chapitre, nous avons vu que le mariage est fondamentalement *une corde à trois fils*, une alliance entre un homme, une femme et Dieu. Au second chapitre, nous avons découvert que l'alliance nécessite un sacrifice, autrement elle n'est pas valable. Dans ce chapitre, nous allons appliquer ces principes, particulièrement dans le cas d'un mariage où les croyants sont unis par leur foi en Christ.

Le sacrifice, sur lequel est fondé l'alliance du mariage chrétien, est la mort de Jésus-Christ en notre faveur. Il est le sacrifice par lequel, dans la foi, un homme et une femme peuvent entrer dans la relation du mariage tel que Dieu l'a ordonné. De même que le Seigneur et Abram passèrent entre les morceaux de l'animal sacrifié, de même, dans le mariage, l'homme et la femme passent au travers de la mort de Jésus-Christ sacrifié pour nous, et ils entrent dans une vie et dans une relation tout à fait nouvelles qui auraient été impossibles sans la mort de Jésus-Christ. L'alliance du mariage chrétien est établie au pied de la croix.

Il y a trois phases successives dans l'accomplissement de cette relation. Premièrement, une vie est donnée. Chaque conjoint donne sa vie pour l'autre. Le mari regarde à la croix où Christ est mort et il dit: «Cette mort était ma mort. Quand je suis venu à la croix, je suis mort. Maintenant je ne vis plus pour moi-même.» L'épouse, de la même façon, regarde à la croix et dit aussi: «Cette mort était ma mort. Quand je suis venue à la croix, je suis morte. Désormais, je ne vis plus pour moi-même.»

C'est ainsi que ni l'un ni l'autre ne garde quoi que ce soit pour lui-même. Tout ce que le mari a, est pour sa femme. Tout ce que l'épouse a, est pour son mari. Pas de domaines réservés, rien n'est gardé pour soi. C'est une union, pas une association.

Deuxièmement, de cette mort surgit une nouvelle vie. Chacun des conjoints vit maintenant une vie nouvelle, en et au travers de l'autre. Le mari dit à sa femme: «Ma vie est en toi. Je vis ma vie au travers de toi. Tu es l'expression même de ce que je suis.» De même l'épouse dit: «Ma vie est en toi. Je vis ma vie au travers de toi. Tu es l'expression même de ce que je suis.»

Troisièmement, l'alliance est consommée au travers de l'union physique, et celle-ci, à son tour, produira un fruit qui continuera cette vie nouvelle que chaque conjoint a décidé de partager avec l'autre. Dans tout le règne des créatures vivantes, Dieu a ordonné ce principe de base: sans union, il ne peut y avoir de fruit. **L'alliance conduit à une vie partagée et féconde; la vie qui n'est pas partagée reste stérile et sans fruit.**

Cette approche du mariage, où il est considéré comme une alliance, est très différente de l'attitude adoptée par la plupart des gens quand ils se marient. A la base, l'attitude de notre culture contemporaine est la suivante: «Que puis-je en retirer? Qu'y a-t-il pour moi dans cette relation?» Je crois que toute relation qui est entrevue avec cette attitude est vouée à un échec. Celui qui entre dans le mariage comme dans une alliance ne demande pas «Que vais-je en retirer?», mais plutôt «Que pourrais-je donner?» Et il donne ensuite la réponse suivante: «Je donne ma vie, je l'abandonne pour toi et je trouve ma nouvelle vie en toi.» Cette déclaration s'applique au mari et à la femme de la même manière. Cela semble ridicule à l'esprit de l'homme qui n'est pas régénéré. Pourtant, c'est en fait le secret de la vie réelle, du vrai bonheur et du véritable amour.

Dans cette nouvelle relation, chaque conjoint apporte sa contribution spécifique, personnelle. Il est intéressant de voir que dans les passages du Nouveau Testament, traitant des obligations mutuelles des époux, l'auteur commence toujours par expliquer les responsabilités particulières de la femme. Cela est vrai, que l'auteur soit Pierre (un homme marié) ou Paul (un célibataire). On pourrait penser que, d'une certaine façon, la femme est le pivot autour duquel s'harmonise toute la relation des conjoints. A moins qu'elle ne joue le rôle qui lui est dévolu, il n'est pas possible que le mari, de son côté, parvienne à faire fonctionner seul une relation. C'est pourquoi nous allons, pour commencer, considérer la contribution de la femme.

La contribution de l'épouse

Dans Proverbes 31:10-31, Salomon nous fait l'un des plus beaux portraits que l'on puisse trouver dans la Bible, celui de la *«femme excellente»*, appelée aussi la *«femme vertueuse»*. Ni l'une ni l'autre de ces traductions n'exprime la force du mot original. Ce que Salomon a réellement dans l'esprit, à mon avis, c'est une femme qui sait vraiment ce que c'est que d'être une femme, une femme qui réussit à communiquer dans sa plénitude et sa richesse les qualités de sa féminité, **une femme qui réussit vraiment à être femme.**

Il commence sa description en posant une question: *«Qui peut trouver une femme vertueuse?»* Ce qui indique qu'une telle femme est rare. Etant donné que j'ai eu le privilège de partager trente ans de ma vie avec une épouse qui répondait à la description de Salomon, je ne peux jamais lire ce passage sans que les larmes me viennent aux yeux.

Ce serait sortir du cadre de ce livre que d'examiner tous les détails du portrait peint par Salomon. Mais je voudrais souligner un simple fait qui est très significatif: le commencement, le milieu et la fin de ce portrait mettent tous le mari au centre. Autrement dit, l'accomplissement suprême de la femme vertueuse est son mari. Tout ce qu'elle accomplit en dehors de son époux est secondaire. C'est ainsi qu'une femme devrait chercher dans quelle mesure elle est une bonne épouse. Elle ne vit plus sa propre vie maintenant, mais sa vie est cachée dans son mari. Son succès, elle le trouve en lui, et elle se réjouit davantage de ce qu'il réussit que de ce qu'elle fait elle-même.

Remarquez au verset 11 la première affirmation sur la femme excellente: *«Le coeur de son mari a confiance en elle, et le bénéfice ne manquera pas.»* Il n'a pas besoin d'aller dans le monde et de devenir un millionnaire pour faire ses preuves. L'approbation de sa femme lui suffit. Beaucoup d'hommes s'efforcent sans cesse d'avoir du succès dans leurs affaires, ou dans d'autres domaines, désirant essentiellement se prouver à eux-mêmes qu'ils sont quelqu'un. Généralement, la racine est dans leur foyer - par leurs parents pour commencer, ensuite par leur femme. Le résultat, c'est qu'ils s'efforcent toute leur vie de gagner cette approbation et de se prouver à eux-mêmes quelque chose. Mais l'homme qui a une bonne épouse n'a pas besoin de dépendre des autres pour se savoir appuyé. L'approbation de celle-ci lui suffit. Tout le monde peut le méconnaître et même le trahir, mais il sait qu'il y a une personne sur qui il peut absolument compter: son épouse. Pour une femme, c'est un accomplissement remarquable que d'être une épouse de cette qualité.

La confiance du mari dans cette *«excellente épouse»* repose sur un fait simple, mais très important: *«Elle lui fait du bien et non du mal tous les jours de sa vie.»* Pendant trente ans, j'ai connu cette assurance face à Lydia: elle ne me ferait jamais de mal. Elle n'était pas toujours d'accord avec moi, parfois elle m'admonestait. Parfois nous discutions, ayant des opinions différentes. Mais je savais toujours où j'en étais avec elle. Elle était totalement de mon côté. Sans cela, je ne serais jamais devenu la personne que je suis aujourd'hui.

Prenons maintenant le verset 23, la partie centrale de cette description. *«Son mari est considéré aux portes, lorsqu'il siège avec les anciens du pays.»* De nouveau, c'est le mari qui est au centre. On le reconnaît comme chef du peuple, il est assis à la porte de la ville, une place d'honneur et d'autorité. Le langage de Salomon est très expressif: *«Son mari est considéré...»* On pourrait dire: il est considéré en tant que mari de cette femme. Sans l'appui de son épouse, il n'aurait pas réussi à tenir cette position honorable. Ce principe est valable dans la plupart des cas où nous connaissons un homme étant respecté, confiant et ayant réussi. Une grande partie de ce que nous voyons en eux est dû à l'influence de leur femme.

Ensuite, aux versets 28 et 29, la description se termine en parlant de sa famille. D'abord ses enfants, puis finalement son mari une fois de plus.

Ses fils se lèvent et la disent heureuse, son mari se lève et lui donne des louanges en disant: Beaucoup de femmes ont une conduite de valeur, mais toi, tu les surpasses toutes.

Telle est la description de la femme excellente - la femme qui a réellement réussi. Ce portrait nous montre, au début, au milieu et à la fin, son mari, car il est, lui, l'accomplissement principal de son épouse, auprès de laquelle ses autres succès ne sont que secondaires.

Quant à lui, quelle récompense a-t-il à lui offrir? *«Il lui donne des louanges.»* Comme cela est important! Maris, si vous avez une femme de cette qualité, il n'y a pas de salaire assez élevé pour elle. Vous n'avez rien à lui payer, mais dites-lui ce qu'elle vaut. Et sur ce plan-là, vous pouvez être généreux, parce que plus vous la récompenserez ainsi, plus vous en retirerez de bienfaits. Prenez donc du temps pour louer votre femme. Dites-lui qu'elle est charmante, que sa nourriture est savoureuse. Dites-lui combien vous aimez voir votre maison si propre. Dites-lui qu'elle est jolie, et combien vous l'aimez. Prenez du temps pour cela. C'est un bon placement. Vous recevrez au centuple ce que vous lui aurez ainsi donné.

Quant à moi, j'ai déjà dit que je pense avec gratitude à mes trente ans de mariage heureux et réussi avec Lydia. Si j'ai un grand regret, c'est de ne pas lui avoir assez dit combien je l'aimais. Je l'aimais, elle le savait, mais je ne l'ai pas dit aussi souvent que j'aurais dû le faire. Si je pouvais revivre toutes ces années, je lui dirais mon amour dix fois plus.

Revenons au rôle joué par la femme. Comment peut-elle obtenir un tel succès avec son mari? Je dirais qu'elle a **deux responsabilités principales** qui sont étroitement liées: elle doit **soutenir** son mari et elle doit **l'encourager**.

Dans 1 Corinthiens 11:3, Paul nous dit que *«l'homme (le mari) est la «tête» de la femme»*. Dans le corps physique, la responsabilité finale pour toute décision et toute direction revient à la tête. Cependant, la tête ne peut pas se tenir droite toute seule. Elle a besoin du reste du corps pour le faire. Sans cet appui - surtout celui du cou -, la tête ne peut pas remplir seule sa fonction.

Cela s'applique aussi à la relation de mariage. En tant que *«tête»*, le mari est celui qui prend les décisions finales et qui donne les directives. Mais il ne peut remplir seul cette fonction. Il dépend du corps pour le soutenir. Dans un sens, la responsabilité de la femme est équivalente à celle du cou. C'est elle qui est la plus proche de son mari, celle sur laquelle il doit sans cesse pouvoir compter. Si elle faillit dans sa tâche de soutien, il n'y a plus aucune manière pour lui de fonctionner comme il le devrait. De même qu'il n'y a pas d'autre membre du corps qui puisse remplacer le cou pour soutenir la tête, de même personne ne peut donner au mari le soutien qui doit lui venir de sa femme.

La seconde responsabilité de la femme consiste à encourager son mari. Un homme devrait toujours pouvoir chercher de l'encouragement auprès de sa femme. Surtout quand il le mérite le moins. Si Lydia ne m'avait encouragé que lorsque je le méritais, elle ne m'aurait pas donné ce dont j'avais besoin. J'avais besoin d'encouragement dans les moments où je ne me sentais pas à la hauteur, et il me fallait pouvoir compter sur quelqu'un qui me fasse confiance quand personne d'autre ne le faisait. Ce n'était pas d'un sermon dont j'avais besoin, ni de bons conseils, mais de quelqu'un qui m'accordât toute sa confiance.

Il n'est pas facile pour une femme d'être encourageante pour son mari, surtout quand il y a des pressions extérieures. Il est plus aisé de faire des reproches, de critiquer. En fait, l'encouragement est un véritable ministère qui doit être cultivé. Je crois que, très souvent, une épouse peut transformer un mariage qui est mal parti en un mariage heureux, qu'elle peut faire d'un mari qui n'a pas réussi un homme qui réussit, dans la mesure où elle apprendra à l'encourager. Mais cela signifie toujours le renoncement de soi. Nous ne pouvons pas encourager les autres quand nous sommes intéressés par nous-mêmes en premier lieu. Si vous et votre mari vous sentez découragés, qu'allez-vous faire? Lui dire que vous êtes abattue, ou lui remonter le moral? Pour l'encourager, il faut que vous renonciez à vous-même. Et c'est là l'essence même de l'alliance du mariage: vous ne vivez plus pour vous-même.

Tout cela nous ramène à notre point de départ: **l'engagement de l'alliance**. Il n'y a pas que cela qui peut procurer à chaque partie la grâce et la force qui permettent que les conjoints puissent réussir leur mariage. De bons conseils ou une série de règles ne sont pas suffisants en soi pour accomplir cela. Il y a une quantité d'excellents livres qui, présentant le point de vue chrétien, offrent des conseils et des instructions sur la manière de réussir son mariage. Mais, en fin de compte, un mariage chrétien ne marchera pas sans la grâce surnaturelle de Dieu; et cette grâce n'est donnée que lorsque le mari et la femme s'abandonnent à Dieu et l'un à l'autre dans l'engagement de l'alliance.

La contribution du mari

Considérons maintenant la contribution du mari dans l'alliance du mariage. Il est bon d'étudier, en premier lieu, les paroles de l'apôtre Paul dans 1 Corinthiens 11:7:

> *L'homme ne doit pas se voiler la tête, puisqu'il est l'image et la gloire de Dieu, tandis que la femme est la gloire de l'homme.*

C'est la dernière partie de ce verset, qui nous concerne maintenant: «*la femme* (l'épouse) *est la gloire de l'homme* (l'époux).»
Cela reprend tout bonnement le même principe que celui qui a été appliqué à la femme, et il concerne aussi l'homme. Nous avons déjà vu que la réussite d'une femme est manifestée au

travers de son mari. Paul nous dit ici que la femme est l'évidence de la réussite de son mari. Elle est sa gloire, son plus grand accomplissement. Elle démontre la qualité de son mari, de manière unique et suprême.

A un évangéliste bien connu, on posa une question au sujet d'un autre croyant: «Quel genre de chrétien est-il?» «Je ne peux vous répondre encore, répondit-il, je n'ai pas rencontré sa femme.» Quelle réponse pleine de sagesse! Personnellement, je ne me ferai jamais une opinion sur un homme marié avant d'avoir pu faire la connaissance de sa femme, parce qu'elle est sa gloire! Si elle est rayonnante, paisible, sécurisée, son mari gagnera tout mon respect. Mais si, au contraire, elle est frustrée, nerveuse, donnant des signes d'insécurité, j'en conclurai qu'il y a là un manque dans le comportement du mari.

Cette relation où la femme est décrite comme la gloire de son mari est merveilleusement illustrée dans la «parabole» des astres célestes: la relation entre le soleil et la lune. La lune est la «gloire» du soleil. Elle n'a pas de gloire en elle-même, sa seule beauté venant de ce qu'elle reflète l'éclat du soleil.

Il y a quelques années, j'ai eu l'occasion de voir un morceau de la lune, au centre de la NASA à Houston. Ce caillou a été amené sur la terre par les astronautes. Pendant un moment je l'ai contemplé, fort impressionné. Puis j'ai incliné la tête pour adorer le Créateur, car je commençai à comprendre la sagesse merveilleuse de son projet. Cette pierre lunaire est peu attrayante et vilaine en elle-même; il ne s'en dégage aucun reflet ni éclat. Et pourtant, parmi les matériaux découverts par l'homme, c'est celui qui a la plus grande capacité de réfléchir la lumière. Pourquoi? La raison, bien sûr, c'est qu'elle a été créée par le Créateur avec un but bien précis: refléter l'éclat du soleil. La lune continuera de jouer ce rôle tant que rien ne viendra la séparer du soleil. Mais si un autre corps - la terre par exemple - passe entre la lune et le soleil, le résultat, sur la lune, ne se fait pas attendre: elle perd sa lumière.

Cet exemple est une parabole qui illustre une oeuvre encore bien plus magnifique, due au génie du Créateur: la relation dans le mariage. La femme est comme la lune. Elle n'a pas de gloire en elle-même, sa fonction consistant à refléter son mari. Quand il l'éclaire, elle rayonne. Mais dès que la relation entre eux se brise, si elle n'est plus vivante - si quelque chose vient à les séparer - le résultat est visible sur la femme, elle perd son rayonnement.

Nous, les maris, nous ferions bien de vérifier de temps à autre comment nous nous comportons à cet égard. Nous devrions être conscients que l'état de notre femme est un reflet de ce que nous projetons sur elle. Nous, les hommes, nous sommes souvent prompts à reconnaître quelques points de faiblesse chez nos épouses; nous sommes parfois sévères et critiques à leur sujet. Pourtant, il est peut-être vrai que le problème que nous voyons si clairement dans nos femmes n'est en réalité que la réflexion d'un problème que nous n'avons pas su voir en nous-mêmes.

Que doit savoir distinguer un mari dans sa femme? Que doit-il accepter comme étant la preuve qu'il remplit correctement sa responsabilité envers elle? Si je devais répondre à cette question, je le ferais en un mot: la **sécurité**. Quand une femme mariée est vraiment sécurisée - sur le plan émotionnel, financier et social - c'est, dans la plupart des cas, une évidence suffisante que sa relation avec son mari est bonne et que ce dernier remplit ses obligations envers elle. Mais si une épouse est constamment insécurisée, il y a presque invariablement deux causes probables à cela: ou bien le mari ne remplit pas ses obligations envers elle, ou bien quelque chose est venu se mettre entre les deux conjoints, ce qui empêche l'épouse de recevoir de son mari ce qu'il devrait lui apporter.

Quels sont les moyens pratiques qui permettent à un mari de remplir ses responsabilités envers sa femme? Je suggérerai deux mots: **protéger** et **pourvoir**.

La première responsabilité pratique du mari consiste à protéger sa femme. Elle doit pouvoir se sentir à l'abri, savoir qu'elle a une couverture, une protection. Il n'est pas juste d'exiger des femmes qu'elles assument plusieurs des responsabilités qui leur sont imposées aujourd'hui. Peut-être feront-elles preuve de beaucoup d'efficacité, peut-être le feront-elles même mieux que les hommes. Mais elles perdront leur féminité. Dans la plupart des cas, la raison cachée, mais véritable, c'est que le mari a abdiqué devant sa responsabilité de protéger sa femme. Une femme devrait toujours être sûre qu'elle a quelqu'un se tenant devant elle dans le cas d'une attaque, d'une pression extérieure.

La seconde responsabilité pratique du mari consiste à pourvoir aux besoins de sa femme. Les Ecritures nous le disent très clairement: «*Si quelqu'un n'a pas soin des siens, surtout ceux de sa famille, il a renié la foi et il est pire qu'un infidèle.*» (1 Timothée 5:8) Le mot «pourvoir, prendre soin» a une signification très large. Un mari doit s'assurer que sa femme n'a, dans aucun domaine, de besoins auxquels il n'aurait pas subvenu - que ces besoins soient physiques, émotionnels, culturels ou spirituels.

Cependant, un de ces domaines principaux qui incombe à la responsabilité du mari est le domaine financier. Normalement, il devrait accepter l'entière responsabilité des besoins financiers de son épouse. Un homme qui ne le fait pas alors qu'il en a la capacité renonce inévitablement à une partie de son autorité dans le ménage. Il est difficile de séparer le fait de gagner de l'argent du droit de décider comment le dépenser. En réalité, ces décisions sont la fonction de celui qui est à la tête. Si une femme gagne autant que son mari, ou même davantage, il sera difficile au mari d'être effectivement le chef.

Nous savons, bien sûr, qu'il y a des exceptions à cela. Il y a des maris qui sont invalides, ou incapables de travailler. Il se peut que, dans de tels cas, la responsabilité de gagner l'argent du ménage retombe sur la femme - les voeux prononcés au mariage soulignent ce cas: ils rappellent la fidélité dans les temps de «maladie», aussi bien que dans ceux de «santé». Cependant, il n'est pas juste que ces exceptions malencontreuses deviennent la règle.

Résumons les responsabilités mutuelles du mari et de la femme dans leur relation d'alliance du mariage. Les responsabilités principales du mari sont de protéger et de pourvoir. Les responsabilités essentielles de la femme sont de soutenir et d'encourager. Cependant, l'accomplissement total de ces responsabilités ne peut jamais être accompli par nos seuls efforts humains ou uniquement par notre propre volonté. Il faut quelque chose de plus que cela, c'est-à-dire l'aide et la grâce surnaturelle et suffisante de Dieu. **Cette grâce n'est donnée que lorsque le mari et la femme s'engagent ensemble devant Dieu, et l'un envers l'autre dans une solennelle relation d'alliance**. C'est cet acte d'engagement qui libère la grâce de Dieu.

Le résultat de cet engagement sera caractérisé par une nouvelle expérience et par une relation qui n'est jamais expérimentée par ceux qui n'ont pas rempli ces conditions. Nous allons voir maintenant quelles sont les caractéristiques spécifiques de cette vie nouvelle.

Une union qui conduit à la connaissance

Le résultat de l'engagement d'alliance entre un homme et une femme peut être résumé en un mot: CONNAITRE. Un homme et une femme dans cette relation en viennent à se **connaître** d'une manière très profonde et qui n'est possible d'aucune autre façon. Le verbe «connaître» dans le langage hébraïque a une signification plus large et plus profonde que dans son équivalent français. Dans Genèse 4:1, il est écrit: *«Adam connut Eve sa femme, elle conçut et enfanta Caïn...»* (traduction Segond) La Bible du Semeur dit: *«L'homme s'unit à Eve, sa femme; elle devint enceinte...»* La traduction Segond exprime correctement le sens littéral du texte original hébreu.

C'est la première fois que le mot «connaître» est employé dans les Ecritures après l'histoire de la chute. C'est aussi la première fois qu'il est fait mention de l'union d'un homme et d'une femme dans une relation sexuelle.

Pourtant, les auteurs de l'Ancien Testament emploient ce mot *connaître* dans un sens très précis quand ils décrivent la relation sexuelle entre un homme et une femme. Si un homme s'approche d'une femme selon l'union de l'alliance scellée par Dieu, les Ecritures emploient le mot *connaître.* Mais si la relation est illicite, c'est-à-dire si elle n'est pas reconnue par Dieu et s'il ne l'approuve pas, la Parole dit: *«... il coucha avec elle...»* L'implication est donc qu'il est possible pour un homme d'avoir une relation sexuelle avec une femme sans pour autant la *«connaître».* Je crois que l'expérience le prouve. En effet, un homme peut avoir des rapports sexuels, illégitimes, avec cinquante femmes sans pour autant en arriver à les «connaître».

Quelle est donc **la différence essentielle** entre «coucher» avec une femme ou la «connaître»? La réponse tient en un mot: **l'engagement**. L'essence de l'immoralité sexuelle est dans le fait qu'un homme et une femme recherchent une satisfaction physique et émotionnelle, sans avoir conclu d'engagement permanent l'un envers l'autre. Le plaisir qu'ils obtiennent ainsi est «volé». Ils n'en ont pas payé le prix dû.

Cela nous amène à comprendre l'importance que Dieu attache à l'engagement. La relation sexuelle qui n'est pas précédée d'un engagement mutuel permanent est de l'immoralité. Notre société appelle cela les «relations sexuelles avant le mariage». Les Ecritures, plus crûment, appellent cela de la «fornication». Par ailleurs, l'union sexuelle qui est précédée d'un engagement mutuel, légitime, est le *«mariage»*. La différence d'attitude de Dieu envers ces deux types de relations est clairement expliquée dans Hébreux 13:4: *«Que le mariage soit honoré de tous, et le lit conjugal exempt de souillure. Car Dieu jugera les débauchés et les adultères.»* Dans ce contexte, les «débauchés» sont ceux qui se livrent à des relations sexuelles sans l'engagement de l'alliance. Les *«adultères»* sont ceux qui, ayant contracté une alliance de mariage, se permettent des relations sexuelles qui violent leur engagement. Dans les deux cas, l'essence du péché provient d'une attitude erronée vis-à-vis de l'engagement de l'alliance.

Venons au but final de Dieu pour le mariage qui est qu'un homme et une femme se «connaissent» l'un l'autre. Je pense que la vraie dimension de cette vérité ne peut être appréciée que par ceux qui ont eu le privilège d'en faire l'expérience. Une telle connaissance entre un homme et une femme n'est pas momentanée ni figée. Elle n'est pas seulement intellectuelle, dans le sens que nous donnons au mot «connaissance» dans la terminologie contemporaine. Elle n'est pas seulement sexuelle.

C'est s'ouvrir totalement et sans réserve à une personnalité ouverte et réciproquement. Cette union embrasse tous les domaines: physiques, émotionnels, intellectuels et spirituels. Si le mariage remplit le but que Dieu a prévu à l'origine, cette connaissance mutuelle du mari et de la femme ira s'approfondissant et s'enrichissant au cours des années.

C'est mon opinion personnelle que l'oeuvre la plus merveilleuse de Dieu, parmi toutes ses créatures, est celle qui est exprimée par la personnalité humaine. Jésus a enseigné qu'une âme humaine valait plus que le monde entier (Marc 8:36-37). Je crois que c'est une évaluation juste et objective. L'univers tout entier, dans sa grandeur et sa magnificence, est d'une valeur essentiellement moindre qu'une seule personne humaine. Ce qui est merveilleux dans le mariage c'est qu'au travers de cette relation, deux êtres humains ont la possibilité de se connaître et d'ouvrir les côtés uniques de leur caractère. Il leur est permis d'explorer les profondeurs sacrées et secrètes de l'un et de l'autre. C'est justement parce que le mariage est, dans ce sens, si merveilleux et sacré, que Dieu l'a protégé en exigeant l'engagement de l'alliance.

Pour un homme et une femme, il y a mille différentes manières de se connaître l'un l'autre. Par exemple, la manière dont ils se regardent est différente de la manière dont ils regardent d'autres gens, ou dont les autres les regardent. Une de mes occupations favorites est d'observer un mari et une femme quand ils ne savent pas qu'on les observe. Je regarde toujours leurs yeux (quelqu'un a dit que l'oeil est la fenêtre de l'âme). Donnez-moi le temps d'apercevoir le regard échangé entre un mari et sa femme et je pourrai vous donner une estimation assez correcte de la mesure de réussite de leur mariage.

Une femme a une manière de regarder son mari qui lui dit

pratiquement tout sans qu'elle ait besoin de parler. Par exemple: «Il faudrait que tu t'occupes des enfants maintenant» ou bien «tu n'aurais pas dû parler si longtemps à cette autre femme», ou encore «si nous rentrons maintenant à la maison, nous aurons du temps pour être ensemble». C'est pour cette raison que la Bible insiste sur le fait qu'une femme ne devrait jamais se permettre de regarder quelqu'un de la même manière qu'elle regarde son mari.

Ce point est clairement illustré dans un incident de la vie d'Abraham. Cet homme possédait une grande foi, mais il avait aussi des faiblesses très humaines. Deux fois, afin de sauver sa vie, il fut prêt à permettre que sa femme Sara soit emmenée au harem d'un roi païen. Abraham était lent à comprendre que la destinée divine l'avait uni irrévocablement à Sara, et qu'il n'était pas possible de la réaliser avec une autre femme. La faiblesse d'Abraham sous ce rapport devrait servir d'avertissement aux maris de notre époque. Dans 1 Pierre 3:7, il est rappelé aux maris chrétiens que leur femme est, ainsi qu'eux-mêmes, *cohéritier de la grâce de la vie*. Cette phrase, *«elles doivent hériter avec vous de la grâce de la vie»*, montre qu'il s'agit d'un héritage commun, qu'un des deux partis ne peut le revendiquer sans l'autre. Il y a des héritages que Dieu a prévu pour les couples mariés et qu'ils ne peuvent obtenir l'un sans l'autre. Ces domaines sont réservés uniquement aux couples qui partagent une vie d'harmonie et d'amour. Ce principe s'applique aussi bien à la relation du mari chrétien et de sa femme aujourd'hui, qu'à celle d'Abraham et de Sara à leur époque.

Le second incident où Abraham était prêt à se séparer de sa femme Sara se passa à la cour du roi Abimélec, roi de Guérar (Genèse 20). Abraham persuada Sara de lui dire qu'elle était sa soeur - ce qui était vrai en partie - et de cacher le fait qu'elle était aussi sa femme. La conséquence fut qu'Abimélec l'emmena à son harem, avec l'intention de la prendre pour femme. Mais Dieu intervint surnaturellement pour préserver Sara. Dans un rêve, il révéla à Abimélec que Sara était vraiment la femme d'Abraham et il l'avertit que s'il la prenait, il le paierait de sa propre vie. Abimélec, qui apparemment craignait Dieu, rendit immédiatement Sara à Abraham, et il fit des dons généreux pour se faire pardonner l'erreur qu'il avait commise.

En conclusion cependant, Abimélec lance une parole de reproche à Sara: *«Et à Sara il dit: Voici, j'ai donné mille pièces d'argent à ton frère; voici, cela te sera une couverture des yeux* (en anglais: «**he** is to thee a covering of the eyes», littéralement traduit: **il** (c'est-à-dire **Abraham**) est pour vous un voile sur les yeux) *pour tous ceux qui sont avec toi, et pour tous. Ainsi elle fut reprise.»* (Genèse 20:16, version traduction Darby) Nous pouvons résumer les reproches d'Abimélec dans les termes suivants: «Quand une femme est mariée, elle ne doit jamais regarder un homme de la même manière qu'elle regarde son mari; il est pour elle un voile sur les yeux, c'est lui, le mari, qui doit protéger le regard de sa femme.» Il y a une manière pour une femme de laisser son mari plonger son regard en elle qui est tout à fait scripturaire et sacrée. Elle ne devrait jamais laisser un homme la regarder dans les yeux comme seul son mari peut le faire.

Il est clair qu'il y a une réciprocité à cela. De même qu'une femme mariée n'a pas le droit de regarder d'une certaine manière un homme qui n'est pas son mari, de même un homme marié n'a pas le droit d'accueillir ce genre de regard d'une femme qui n'est pas son épouse. Il faut admettre qu'Abimélec - et c'est tout à son honneur - semble avoir compris cela.

Quoiqu'il en soit, l'avertissement donné par Abimélec à Sara exprime simplement, mais clairement, quelle est l'essence de la relation entre un homme et une femme liés par l'alliance du mariage. A cause de leur engagement d'alliance l'un avec l'autre, ils en viennent à se connaître l'un l'autre d'une manière unique, telle que personne ne pourra entrer dans cette intimité, telle aussi qu'ils ne pourront connaître personne d'autre de cette façon-là. Le but de l'alliance du mariage est de préserver cette connaissance unique et sacrée qui existe entre mari et femme. Elle doit permettre que cette connaissance ne soit violée par aucune autre relation extérieure à eux deux.

* * * * * * *

- 4 -

L'UNION AVEC DIEU

L'alliance du mariage n'est pas seulement sacrée en elle-même. Elle est sacrée aussi parce qu'elle est le type d'autres relations qui ont une grande signification spirituelle.

La première et la plus importante de ces relations, c'est celle que Dieu désire avoir avec son peuple.

Dieu: l'Epoux de son peuple

Dans divers passages de l'Ancien Testament, Dieu compare sa relation avec Israël d'avec celle qui unit un homme à sa femme. Il fait remonter cette relation à l'alliance contractée avec Israël au mont Sinaï, après qu'il l'ait délivré du pays d'Egypte. Ainsi, la relation de Dieu en tant qu'Epoux d'Israël, analogue à celle existant entre un mari et sa femme, est fondée sur une alliance que Dieu contracta lorsqu'il fit d'Israël son peuple. Ceci est clairement exprimé dans Jérémie 31:31-32:

> *Voici, des jours viennent, dit l'Eternel, et j'établirai avec la maison d'Israël et avec la maison de Juda une nouvelle alliance, non selon l'alliance que je fis avec leurs pères, au jour où je les pris par la main pour les faire sortir du pays d'Égypte, mon alliance qu'ils ont rompue, quoique je les eusse épousés, dit l'Eternel.*
> (traduction Darby)

Dieu dit que lorsqu'il conduisit le peuple d'Israël hors d'Egypte et qu'il fit avec lui une alliance, il entra dans une relation avec eux analogue à celle d'un époux vis-à-vis de sa femme. Cependant, à cause de son infidélité et de son idolâtrie, Israël viola cette alliance et renonça à son droit de bénéficier de cette relation où Dieu lui servait d'Epoux. Néanmoins, plutôt que de rejeter Israël pour son infidélité, Dieu déclare ici qu'à la fin de ce premier temps, il fera une nouvelle alliance avec ce peuple, et que, de la sorte, il redeviendra son Epoux.

Dans Osée 3:1, nous retrouvons cette relation de Dieu avec Israël représentée par celle d'un époux avec sa femme:

> *L'ETERNEL me dit: Va encore, aime une femme aimée d'un amant et pourtant adultère, aime-la comme l'Eternel aime les Israélites! Quant à eux, ils se tournent vers d'autres dieux qui aiment les gâteaux de raisin.*

En persévérant dans son amour pour Gomer, son épouse, malgré son infidélité, le prophète Osée devient le type de l'amour infini de Dieu pour Israël dont il est l'Epoux, cet amour qui ne se relâche pas, même si Israël, de son côté, a été infidèle de manière répétée.

Dans Osée, comme dans Jérémie, il y a une promesse prophétique que Dieu, un jour, fera rentrer Israël dans l'alliance avec lui-même et qu'il restaurera cette relation d'Epoux à épouse avec son peuple. Dans Osée 2:18, il déclara:

> *En ce jour-là, dit l'ETERNEL, tu m'appelleras Ishi* (c'est-à-dire mari) *et tu ne m'appelleras plus Baali* (c'est-à-dire maître).

Ensuite, dans Osée 2:20, il parle de la nouvelle alliance qu'il contractera avec Israël. Dans les versets 21 et 22, il montre la

conséquence du rétablissement de cette relation de mariage
entre lui et son peuple:

> *Je te fiancerai à moi pour toujours. Je te fiancerai à
> moi avec justice et droit, loyauté et compassion. Je te
> fiancerai à moi avec fidélité, et tu reconnaîtras
> l'Eternel.*

Il y a une signification spéciale dans la fin du verset 22: «*... tu
reconnaîtras l'Eternel*». Nous avons déjà vu que, sur le plan
humain et naturel, l'alliance crée une union telle entre l'homme
et la femme, qu'ils apprennent à se connaître d'une manière qui
serait impossible sans cet engagement. Dans ce texte, ce
principe est appliqué à la restauration de cette relation entre
Israël et Dieu. Grâce à cet engagement dans l'alliance, Israël
pourra enfin «*connaître le Seigneur*», comme il ne l'a jamais
connu auparavant.

En bref, nous pouvons résumer l'image de la relation de Dieu
avec Israël comme suit: l'alliance que Dieu a faite avec Israël
au mont Sinaï est envisagée comme un contrat de mariage entre
Dieu et son peuple. Par ce contrat, Dieu devient son Epoux. En
conséquence, par son infidélité et son idolâtrie, Israël a violé
l'alliance et a répudié le droit qui était le sien dans cette
relation. Dieu n'a cependant pas rejeté Israël à cause de cela, et
il n'a pas cessé de l'aimer. C'est pourquoi son ultime but est
d'établir une nouvelle alliance avec le peuple, par laquelle il
reprendra sa relation d'Epoux avec lui. Cette nouvelle alliance,
contrairement à la première, sera éternelle. Elle ne sera jamais
violée. Dans cette alliance, Israël connaîtra le Seigneur d'une
manière beaucoup plus intime et profonde, telle qu'il ne l'avait
jamais connu auparavant.
Le Nouveau Testament dévoile plus complètement la nature de
cette nouvelle alliance. Elle ne sera plus basée sur le sacrifice

d'animaux, mais sur la mort expiatoire de Jésus-Christ, fils de Dieu. C'est dans cette alliance qu'entrent tous ceux qui reconnaissent Jésus-Christ comme Sauveur et Seigneur, quelle que soit leur race ou leur provenance. Selon le modèle déjà établi dans l'Ancien Testament, cette nouvelle alliance en Christ nous révèle que les croyants entrent dans une relation avec Dieu qui est analogue à la relation existant entre un mari et sa femme.

Dans Ephésiens 5:25-33, Paul nous dit que Christ rachète et sanctifie son Eglise afin de pouvoir la présenter à Dieu semblable à une épouse *sainte et sans tache* qui est amenée à son époux. Paul continue ensuite à appliquer cette vérité - sur un plan très pratique - à la relation entre mari et femme, mais il termine en disant, au verset 32: *«Ce mystère est grand; je dis cela par rapport à Christ et à l'Eglise.»* En d'autres termes, la relation entre Christ et son Eglise est analogue à celle d'un mari et de sa femme.

Dans un même esprit avec Dieu

Dans 1 Corinthiens 6:16-17, Paul emploie cette image non seulement pour expliquer la relation de Dieu avec son peuple d'une manière générale, mais la relation que Dieu désire avoir avec chaque individu en particulier:

> *Ne savez-vous pas que celui qui s'attache à la prostituée est un seul corps avec elle? Car, est-il dit, **les deux deviendront une seule chair**. Mais celui qui s'attache au Seigneur est avec lui un seul esprit.*

Comme tous les écrivains des Ecritures, Paul est très franc. Ici, parlant de l'union sexuelle d'un homme et d'une femme, il explique qu'un homme ayant des rapports sexuels avec une prostituée ne fait qu'un seul corps avec elle. Ensuite, il dit que l'homme peut avoir le même genre d'union avec Dieu, dans laquelle il sera un seul esprit avec Dieu. Ainsi, la relation à laquelle Dieu invite chaque croyant est un parallèle exact, sur le plan spirituel, de la relation sexuelle qu'un homme peut avoir, sur le plan physique, avec une femme.

Dans les précédents chapitres, nous avons déjà vu la différence essentielle entre l'union du mariage, qui est pure et sainte, et la fornication, qui est entachée de péché. La différence réside en ce que l'union du mariage est précédée d'un engagement d'alliance mutuel entre l'homme et la femme. Dans la fornication, en revanche, l'homme ou la femme cherche à obtenir avec son partenaire une satisfaction sexuelle, sans vouloir souscrire pour autant à un engagement d'alliance réciproque.

Le langage que Paul utilise dans 1 Corinthiens 6:16-17 nous autorise pleinement à appliquer aussi ce principe à la relation existant entre Dieu et le croyant. Dieu désire une union spirituelle avec chaque croyant. Il est cependant certain que Dieu ne violera jamais ses propres lois. Il n'acceptera jamais d'être partenaire dans une «fornication» spirituelle. C'est pourquoi, dans ce sens-là, l'union avec Dieu dépend d'un engagement d'alliance avec Dieu et doit la précéder. Tant qu'un croyant n'est pas prêt à entrer dans un tel engagement, d'une manière totale et sans réserve, il ne peut connaître la plénitude de cette union spirituelle avec Dieu qui est le but de la rédemption.

Précédemment, en étudiant le Psaume 50:5, nous avons vu comment Dieu définit ses «*fidèles*» (en anglais les «pieux»). Ce sont ceux qui ont «coupé l'alliance avec lui, sur la base d'un sacrifice». La leçon que nous en retirons est la même que celle que nous lisons dans 1 Corinthiens 6:16-17. Pour connaître l'intimité de cette relation avec Dieu, dans la sainteté, il n'y a pas d'autre chemin que celui de l'engagement dans l'alliance. Sans un tel engagement, une personne ne peut jamais devenir un «*fidèle*».

Cela nous explique la situation pathétique de beaucoup de gens rattachés à nos églises à l'heure actuelle. Ils désirent une relation avec Dieu. Parfois ils la revendiquent même. Cependant, leur désir n'est pas satisfait, et cette revendication n'est pas justifiée. Pourquoi? Parce qu'ils n'ont jamais prononcé devant Dieu un engagement solennel, personnel et sans réserve, celui-ci étant la seule base sur laquelle Dieu acceptera de les faire entrer dans cette relation qu'ils désirent.

De telles personnes ont éventuellement «pris une décision pour Christ» lors d'une campagne d'évangélisation, ou ils se sont avancés lors d'un appel et ont serré la main du pasteur, ou bien encore ils se sont soumis à un rituel religieux tel que le baptême ou la confirmation. Mais tous ces actes - et je pourrais en mentionner beaucoup d'autres - ne servent à rien, à moins qu'ils ramènent le croyant à une relation vivante d'alliance, au travers d'un engagement précis. En dehors de cela, il n'y a pas d'intimité possible avec Dieu, car il ne s'engage pas envers ceux qui ne sont pas eux-mêmes engagés.

Le but de la vie, c'est de connaître Dieu

Pour ceux, en revanche, qui ont le désir d'entrer dans ce type d'engagement d'alliance avec Dieu, la récompense est grande. Jésus l'exprime magnifiquement par les paroles qu'il adresse au Père dans Jean 17:3: «*Or, la vie éternelle, c'est qu'ils te connaissent, toi, le seul vrai Dieu, et celui que tu as envoyé, Jésus-Christ.*» J'ai entendu une fois une paraphrase de ce verset qui exprimait ceci: «Et voici le but de la vie éternelle, c'est qu'ils te connaissent, toi, le vrai Dieu...» Tel est en effet le but suprême de toute vie: connaître le Dieu unique et vrai. De cette connaissance découle la vie éternelle - la vie divine - la vie de Dieu lui-même, et c'est cette vie que partage le croyant.

Cependant, cette connaissance n'est pas purement intellectuelle. Ce n'est pas de la théologie ou une doctrine. Ce n'est **pas une connaissance au sujet** de Dieu, mais c'est **réellement connaître Dieu lui-même**, le connaître d'une manière directe et intime, le connaître en tant que personne. C'est une relation de personne à personne. C'est une union spirituelle.

Connaître Dieu de cette manière-là est l'équivalent - sur le plan spirituel - de la manière dont un homme en vient à *«connaître»* son épouse et vice versa, la manière dont une femme *«connaît»* un homme en tant que son époux, sur le plan physique. L'emploi, dans la Parole, du même mot pour décrire ces deux types de relations n'est pas accidentelle. Il révèle la profonde similarité qui existe entre elles. Sur le plan naturel, un homme et une femme ne peuvent véritablement se *«connaître»*, à moins qu'ils n'entrent dans un engagement d'alliance, sans réserve l'un envers l'autre. Sur le plan spirituel, un croyant ne peut véritablement *«connaître»* Dieu à moins qu'il n'ait d'abord pris cet engagement d'alliance envers lui, sans faire de réserve. Le même principe s'applique à ces deux niveaux: sans alliance il n'y a pas d'union, et sans engagement il n'y a pas d'alliance possible.

Est-ce qu'un engagement de cet ordre vous paraît trop intense, trop intime, trop total? En dernière analyse, chacun d'entre nous doit décider ce qui en est pour son propre compte. Quant à moi, je vous répondrai que je ne me sens pas concerné par un vague substitut religieux qui remplacerait l'engagement véritable. Je me fais plutôt l'écho des paroles de David dans le Psaume 63:2:

> *Dieu! tu es mon Dieu; je te cherche au point du jour;*
> *mon âme a soif de toi, ma chair languit après toi,*
> *dans une terre aride et altérée, sans eau.* (traduction
> Darby)

Pour l'âme qui est véritablement assoiffée, il ne peut y avoir qu'une seule source de satisfaction profonde: Dieu lui-même. Viser moins haut que cette véritable union avec lui équivaut à passer à côté du but réel de notre vie, et à rester à tout jamais frustré.

Dans Esaïe 1:22, Dieu dit au peuple d'Israël, qui est rebelle et rétrograde: *«Ton argent s'est changé en scories, ton vin a été coupé d'eau.»* On pourrait dire la même chose de nos églises aujourd'hui: tout a perdu sa pureté, son caractère essentiel. On nous propose une relation adultérée et impure, une contrefaçon de la relation véritable.

Si quelqu'un m'offrait du vin dilué d'eau, je répondrais: «Ne prenez pas tant de peine, gardez votre breuvage!» Mais aujourd'hui, dans l'Eglise et dans la société, nous mélangeons tout avec de l'eau. Nous diluons, en ajoutant de l'eau, nous baissons nos standards. Notre argent n'a plus sa vraie valeur et notre vin n'a plus le bouquet qui lui est propre.

Dans un tel climat spirituel, il faut à une personne une énorme force de caractère pour qu'elle décide de ne pas choisir moins que ce que Dieu offre, et qui est le meilleur. Une telle personne doit pouvoir dire: «Que les autres gens fassent comme il leur plaît, moi je veux agir selon la volonté de Dieu. Je veux vivre une relation vraie avec Dieu. Nous le diluons en y ajoutant de l'eau, nous baissons nos standards. Je désire que mon mariage soit réussi, que mon foyer glorifie Dieu, que mes enfants grandissent dans le bonheur et dans la sécurité. Oui! Je désire tout cela, et je suis prêt à payer le prix pour les obtenir!»

Dieu a montré clairement quel était le prix: c'est l'engagement dans l'alliance - avec Dieu lui-même, sur le plan vertical - avec notre conjoint, sur le plan horizontal.

* * * * * *

L'UNION AVEC LE PEUPLE DE DIEU

Dans les deux chapitres précédents, nous avons vu qu'une alliance est la condition indispensable à toute union. Dans le chapitre trois, nous avons montré comment ce principe s'appliquait à l'union existant entre un homme et une femme, union que nous appelons le mariage. Dans le chapitre quatre, nous expliquons que l'union de chaque croyant avec Dieu est, sur un plan spirituel, analogue à l'union de mariage existant entre un homme et une femme. Dans ce chapitre, nous allons examiner comment ce même principe s'applique à une autre relation, elle aussi d'une importance vitale, à savoir la relation à l'intérieur du peuple de Dieu, entre les membres de ce peuple.

L'alliance crée un «peuple»

Dans l'Ancien Testament, nous découvrons que depuis le moment où Dieu est entré dans une alliance avec Abraham, ses descendants (c'est-à-dire la lignée d'Isaac et de Jacob) furent mis à part de tous les membres de la race humaine. C'est pourquoi ils furent appelés *la semence d'Abraham* (2 Chroniques 20:7). Cependant, la réalisation de ce but nécessitait que l'alliance soit établie une seconde fois; non pas individuellement comme avec Abraham, mais collectivement avec tous ses descendants. Cet événement eut lieu au mont Sinaï, après l'Exode. Après cela, ils reçurent un nouveau titre: celui de *peuple* (en hébreu *'am*). Cela indiquait que, au travers de l'alliance dans laquelle ils étaient entrés, ils étaient devenus une nouvelle entité collective.

Le déroulement selon lequel Dieu est entré dans l'alliance avec Israël est décrit dans le chapitre 19 de l'Exode et dans les suivants. Dans Exode 19:5-6, Dieu explique pour quelle raison il entraîne Israël dans cette relation d'alliance avec lui-même:

> *Maintenant, si vous écoutez ma voix et si vous gardez mon alliance, vous m'appartiendrez en propre entre tous les peuples, car toute la terre est à moi. Quant à vous, vous serez pour moi un royaume de sacrificateurs et une nation sainte.*

Nous devons comprendre qu'Israël, de la sorte, avait été choisi par Dieu pour être un peuple à part; non à cause de sa justice intrinsèque, mais à cause de l'alliance que Dieu avait contractée avec lui. Il est important de comprendre que la sainteté d'Israël a été la conséquence de cette alliance et non sa cause. Pour exprimer cela différemment, disons que Dieu n'est pas entré dans l'alliance avec le peuple d'Israël parce qu'il était saint, mais plutôt qu'il l'a sanctifié en contractant une alliance avec lui.

Dans le chapitre précédent, nous avons vu que, se fondant sur la base de cette alliance, Dieu s'engage à entretenir avec lui les relations et la responsabilité d'un époux envers sa femme. L'alliance établissait une relation entre Dieu et Israël semblable à celle d'un époux avec sa femme. Cela permettait au peuple d'avoir avec Dieu une relation unique, comme une femme a une relation unique avec son mari dans le mariage.

Cependant, la seule base sur laquelle Israël a le droit de poursuivre cette relation unique et particulière avec Dieu, c'est sa fidélité à l'alliance. C'est pour cette raison que Dieu a fait précéder sa relation d'intention d'un *si*:

*... si vous écoutez ma voix et si vous gardez mon
alliance, vous m'appartiendrez en propre entre tous
les peuples ... vous serez pour moi ... une nation
sainte.*

Le maintien de cette relation unique entre Dieu et Israël dépend
donc du fait qu'Israël se soumette aux termes de l'alliance. C'est
pourquoi, par la suite, quand le peuple retombait dans
l'idolâtrie, ce péché était souvent qualifié «d'adultère» par les
prophètes. Il ressemblait à celui que commet une femme qui ne
reste pas fidèle à l'engagement pris envers son mari.

Depuis le jour où Dieu établit son alliance avec Israël, l'usage
de la langue hébraïque de l'Ancien Testament veut qu'on fasse
une claire distinction entre deux mots hébreux: *goy* («les
nations») et *'am* («le peuple»). Toutes les nations, y compris
Israël, sont des *goyim* (pluriel de *goy*), c'est-à-dire des
«nations». Mais Israël seul est appelé aussi *'am*: un *peuple*.
Israël se distingue des autres nations par cette appellation, et
cette distinction est due à sa relation unique d'alliance avec
Dieu.

Dans le Nouveau Testament, la même distinction est établie
grâce à l'emploi de deux mots grecs différents: *ethnos* (nation -
correspondant à l'hébreu *goy*) et *laos* (peuple - correspondant à
l'hébreu *'am*). Le mot grec *ethnos*, *ethne* au pluriel, est traduit
par *«nation»* ou *«gentil»*. Il est important de comprendre que le
mot «gentil» ne définit normalement pas des gens qui ne sont
pas chrétiens, mais des personnes qui ne sont pas Israélites.

Il est nécessaire de faire cette analyse de mots différents - en
hébreu et en grec - pour distinguer le *«peuple»* des *«nations»*.
Cela nous permet d'établir un des principes de base des
Ecritures: il faut une **alliance (b'rit) pour constituer un**

peuple ('am). Un groupe ethnique qui n'a pas d'alliance collective avec Dieu n'est qu'une *«nation»*, en revanche, celui qui est entré dans une alliance collective avec Dieu est, de ce fait même, un *«peuple»*.

Les relations d'alliance: verticale et horizontale

Si nous reprenons une fois de plus Exode 19 et les chapitres suivants - où il nous est raconté comment Dieu est entré en alliance avec Israël - nous découvrons un deuxième principe qui est en relation avec le premier: cette même alliance, qui a fait entrer Israël dans une relation unique avec Dieu, l'a aussi, du même coup, ouvert à une relation unique entre membres de ce peuple. Le but essentiel des chapitres suivants de l'Exode - chapitres 20 à 23 - est de montrer comment Dieu a défini les relations des Israélites entre eux, dans leurs aspects spécifiques et pratiques, dès ce jour-là. En tant que membres du peuple de l'alliance, ils avaient des obligations particulières les uns envers les autres, différant de leurs obligations envers les membres des autres nations qui n'avaient pas de relation d'alliance avec Dieu ou avec Israël.

D'une manière générale, nous pouvons préciser ce principe de la façon suivante: **ceux qui ont une relation d'alliance avec Dieu ont nécessairement une relation d'alliance entre eux**. Ces relations établies par l'alliance vont dans deux directions: verticale et horizontale. L'alliance qui nous fait entrer dans une relation verticale avec Dieu nous fait automatiquement entrer dans une relation horizontale avec tous ceux qui ont contracté une alliance avec Dieu. Nous n'avons pas le droit de réclamer une relation d'alliance avec Dieu si, en même temps, nous refusons d'accepter nos obligations envers ceux qui partagent cette même alliance. La même alliance, qui engage des individus dans une relation d'alliance avec Dieu, les engage à une union collective les uns envers les autres. C'est ce qui fait que collectivement ils forment un *«peuple»* qui se distingue (c'est-à-dire qui est mis à part) de toutes les autres collectivités de l'humanité.

Ces principes concernant l'alliance établie dans l'Ancien Testament sont maintenus sans changement dans le Nouveau Testament. Quand Jésus célébra le dernier repas avec ses disciples, la sainte Cène, et qu'il partagea avec eux le pain et le vin, il les fit entrer par cet acte dans une relation d'alliance avec lui. Après leur avoir tendu la coupe et leur avoir demandé d'en boire, il leur dit: *«Car ceci est mon sang, le sang de l'alliance...»* (Matthieu 26:28). Ils ne partagèrent pas seulement la coupe de l'alliance avec lui, ils la partagèrent aussi les uns avec les autres. Le même acte solennel, qui amenait chacun à cette relation avec Jésus, les amenait aussi dans l'alliance les uns avec les autres. C'est pourquoi leur relation d'alliance n'était pas seulement verticale - avec Jésus - mais aussi horizontale, les uns avec les autres.

Cela est mis en évidence dans 1 Corinthiens 10:16-17. Paul, dans ce texte, nous explique la signification du repas du Seigneur. Il insiste sur la relation horizontale entre tous ceux qui partagent le même pain et la même coupe.

> *La coupe de bénédiction que nous bénissons, n'est-elle pas la communion au sang du Christ? Le pain que nous rompons, n'est-il pas la communion au corps du Christ? Puisqu'il y a un seul pain, nous qui sommes plusieurs, nous sommes un seul corps; car nous participons tous à un même pain.*

Dans 1 Pierre 2:9-10, Pierre déclare que la nouvelle alliance en Christ a le même effet que l'alliance précédente avec Israël. Il montre que la nouvelle alliance fait de nous une collectivité, un «peuple».

> *Vous, par contre, VOUS ETES UNE RACE ELUE, UN SACERDOCE ROYAL, UNE NATION SAINTE, UN PEUPLE RACHETE, afin d'annoncer les vertus de celui qui vous a appelés des ténèbres à son admirable lumière;* (Pierre cite les paroles mêmes que Dieu, dans Exode 19:5-6, dit à Israël) *vous qui, autrefois, n'étiez PAS UN PEUPLE et qui, maintenant, êtes LE PEUPLE DE DIEU; vous qui n'aviez pas OBTENU MISERICORDE et qui, maintenant avez OBTENU MISERICORDE.*

Nous avons déjà vu dans deux cas que **le but de l'alliance est l'union**. Le but de l'alliance du mariage est d'unir un homme et une femme l'un à l'autre. Le but de l'alliance entre Dieu et un croyant est d'amener ce dernier à une union avec Dieu. Ce principe s'applique avec une force analogue au troisième cas: l'union entre les croyants. Son but est d'amener tous les croyants à une union les uns avec les autres.

Lorsque Jésus eut distribué le pain et le vin de la nouvelle alliance à ses disciples, il continua ce partage en leur faisant le long discours qui nous est rapporté dans Jean 14, 15 et 16. Ce discours de Jésus trouve son apogée dans la prière sacerdotale qu'il leur adresse au chapitre 17. Celle-ci, à son tour, trouve son point culminant au moment où Jésus prie le Père pour que tous ceux qui croient en lui *«soient un comme nous sommes un»* (Jean 17:22). Dans ce contexte, nous comprenons que cette demande constitue l'accomplissement de l'alliance qu'il a établie avec ses disciples ce soir-là. Le but de l'alliance est l'union - elle est de la même nature que celle qui existe entre le Père et le Fils. Tant que nous, croyants, n'avons pas accédé à cette unité, nous n'avons pas rempli nos obligations d'alliance - ni envers le Christ, ni les uns envers les autres.

Nous avons déjà montré que, lorsque Dieu fit alliance avec Israël au mont Sinaï, il se mit aussitôt à expliquer aux Israélites quelles étaient les obligations que l'alliance leur imposait dans leurs relations et leurs rapports les uns avec les autres. Ces obligations sont exposées et spécifiées, sur un plan très pratique, dans les chapitres 20 à 23 de l'Exode. Parallèlement, le Nouveau Testament enseigne, à tous ceux qui entrent dans la nouvelle alliance en Christ, quelles sont les obligations découlant de leur engagement d'alliance et quels rapports ils doivent avoir les uns avec les autres. Il est hors de propos ici d'examiner en détail les obligations mutuelles des croyants au sein de la communauté. Cependant, nous pouvons les résumer d'une manière générale en relevant, toutes les fois qu'elles apparaissent dans le Nouveau Testament, les expressions *«l'un avec l'autre»*, *«les uns avec les autres»*. En regard, écrivons les obligations mutuelles qui sont indiquées dans ce passage.

Voici comment doivent se comporter tous ceux qui sont entrés dans la nouvelle alliance avec Christ. Ils doivent:

·   se laver les pieds les uns aux autres (Jean 13:14)
·   s'aimer les uns les autres (Jean 13:14 et suivants)
·   s'édifier les uns les autres (Romains 14:19)
·   s'accepter les uns les autres (Romains 15:7)
·   s'exhorter les uns les autres (Romains 15:14)
·   se saluer les uns les autres (Romains 16:16 et suivants)
·   se rendre serviteurs les uns des autres (Galates 5:13)
·   porter les fardeaux les uns des autres (Galates 6:2)
·   se supporter les uns les autres (Ephésiens 4:2)
·   se pardonner l'un à l'autre (Ephésiens 4:32)
·   se soumettre les uns aux autres (Ephésiens 5:21)

- s'instruire les uns les autres (Colossiens 3:16)
- se consoler les uns les autres (1 Thessaloniciens 4:18)
- s'encourager les uns les autres (Hébreux 3:13)
- s'inciter à l'amour et aux bonnes oeuvres (Hébreux 10:24)
- se confesser leurs péchés les uns aux autres (Jacques 5:16)
- prier les uns pour les autres (Jacques 5:16)
- exercer l'hospitalité les uns envers les autres (1 Pierre 4:9)
- se revêtir d'humilité dans leurs rapports mutuels (1 Pierre 5:5)

Ce n'est que dans la mesure où, en tant que croyants, nous remplissons nos responsabilités les uns envers les autres, que nous obéissons aux termes de la nouvelle alliance.

Bien que les obligations de la nouvelle alliance soient décrites d'une manière un peu différente que celles de l'ancienne alliance du mont Sinaï, le principe de base en est le même: ceux qui contractent une alliance avec Dieu sont - par cet acte même - amenés à entrer dans une alliance les uns avec les autres. Les obligations de ces deux alliances vont dans deux directions: l'une verticale, entre les gens de l'alliance et Dieu, et l'autre horizontale, entre les membres eux-mêmes du peuple de l'alliance.

Seule la mort donne une validité à l'alliance

Un autre principe s'applique à chaque alliance: elle n'a de validité que s'il y a un sacrifice. Ce principe général, nous le retrouvons dans Hébreux 9:16-20, comme nous le disions au chapitre deux:

Car là où il y a testament, il est nécessaire que la mort du testateur soit constatée. Un testament, en effet, n'entre en vigueur qu'après le décès, puisqu'il

n'a pas de validité tant que le testateur est en vie.
C'est pourquoi la première alliance elle-même n'a
pas été inaugurée sans effusion de sang. En effet,
Moïse, après avoir énoncé pour tout le peuple chaque
commandement selon la loi, prit le sang des veaux et
des boucs avec de l'eau, de la laine écarlate et de
l'hysope, et aspergea le livre lui-même et tout le
peuple, en disant: CECI EST LE SANG DE
L'ALLIANCE QUE DIEU A ORDONNEE POUR
VOUS.

Dans chaque cas, la mort de la victime du sacrifice représentait la mort de ceux qui, par ce sacrifice, entraient dans l'alliance. Les animaux sacrifiés par Moïse devaient rappeler à Israël que la validité de l'alliance n'était possible qu'au travers d'une mort, et que celle-ci préfigurerait un autre sacrifice qui n'avait pas encore été offert. Par ailleurs, quand Jésus mourut sur la croix, il donna sa vie en tant que substitut des hommes, en tant que représentant personnel de tous ceux qui allaient entrer dans l'alliance avec Dieu, au travers de lui. Jésus s'identifia lui-même à chaque croyant, afin que chacun d'eux puisse à son tour s'identifier à Jésus. Cette identification - de la part du Christ et de la part du croyant - ne peut être réalisée qu'à travers l'engagement continuel et personnel de chaque croyant. A ce moment-là, la mort de Jésus devient effectivement et existentiellement la mort du croyant. Ce principe est clairement affirmé dans 2 Corinthiens 5:14-15:

Car l'amour du Christ nous étreint, nous qui avons
discerné ceci: un seul est mort pour tous, donc tous
sont morts; il est mort pour tous, afin que les vivants
ne vivent plus pour eux-mêmes, mais pour celui qui
est mort et ressuscité pour eux.

La conclusion de Paul est à la fois claire et logique. Elle est résumée par ces mots: c'est pourquoi «*tous sont donc morts*». Si nous acceptons la mort du Christ comme notre mort, *nous devrons alors nous considérer nous-mêmes* comme morts (Romains 6:11). C'est pourquoi nous n'avons plus la liberté de vivre pour nous-mêmes. Cela aussi nous amène à tirer deux conclusions: d'une part en ce qui concerne le Seigneur, d'autre part en ce qui concerne le peuple de Dieu. Quand le Seigneur et Abram entrèrent dans l'alliance l'un avec l'autre, chacun volontairement renonça à son droit de ne vivre que pour lui-même. Chacun, au moment de «couper» l'alliance, disait à l'autre: «C'est ma mort... En entrant dans cette alliance, j'y entre par ma mort. Maintenant que je suis dans l'alliance, je n'ai plus le droit de vivre.»

Une relation identique à celle qui fut établie, de personne à personne entre le Seigneur et Abram cette nuit mémorable, est établie à nouveau entre tous ceux qui, au travers de la mort de Jésus, entrent dans l'alliance les uns avec les autres. Chacun réaffirme son engagement dans l'alliance mutuelle dont nous avons le prototype dans celle contractée entre Abram et le Seigneur. Chacun dit à l'autre: «Ceci est ma mort. En entrant dans cette alliance, j'entre par ma mort. Maintenant que je suis dans l'alliance, je n'ai plus le droit de vivre.»

Dans 1 Jean 3:16-17, les conséquences de la mort qui, seule, rend notre alliance valide, l'apôtre les applique d'une manière particulière à notre relation avec nos frères croyants.

> *Et nous, nous avons connu l'amour que Dieu a pour nous, et nous y avons cru. Dieu est amour; celui qui demeure dans l'amour demeure en Dieu, et Dieu demeure en lui. Voici comment l'amour est parfait en nous, afin que nous ayons de l'assurance au jour du*

jugement: tel il est lui, tels nous sommes aussi dans ce monde.

Quand Jean dit «nous devons donner nos vies», il ne pense pas que nous devions uniquement ou essentiellement passer par la mort physique. Il le dit très clairement en ajoutant, au verset suivant, que nous devons mettre nos biens matériels au service de nos frères croyants. Si nous refusons de le faire alors que le besoin est légitime, c'est que nous ne sommes pas prêts à «donner nos vies». Cette expression signifie que nous sommes prêts à partager avec nos frères et soeurs de l'alliance ce que nous sommes et ce que nous avons. Si nous n'acceptons pas de le faire, notre engagement dans l'alliance n'est ni sincère ni réel.

Un nouveau style de vie - la *koinonia*

Dans le vocabulaire grec du Nouveau Testament, il y a un mot très important qui décrit le style de vie particulier dans lequel nous sommes admis dans la nouvelle alliance. C'est la *koinonia*. Ce mot dérive de *koinos* (commun). Littéralement et fondamentalement, la *koinonia* est formée de ceux qui ont quelque chose «en commun». Dès que deux ou plusieurs personnes ont quelque chose en commun, ils forment une *koinonia*. S'il y a des domaines dans lesquels ils ne partagent pas, c'est qu'ils ne forment pas de *koinonia* dans ces domaines. On disait de l'église primitive à Jérusalem: «...*tout était commun entre eux*» (Actes 4:32). C'était la *koinonia*.

Dans la plupart des traductions, *koinonia* est traduit par «communauté». Dans d'autres cas cependant, ce terme est explicité par une phrase: «*Ils étaient en communion les uns avec les autres*», et «*ils agissaient d'un commun accord*». Parce qu'un seul mot français rend mal la signification de ce terme grec, nous continuerons à l'appeler *koinonia*.

La *koinonia* est le résultat d'une véritable unité. L'exemple parfait de la *koinonia* est la relation entre Dieu le Père et Dieu le Fils. Dans Jean 10:30, Jésus dit: *«Moi et le Père, nous sommes un.»* Cette unité entre le Père et le Fils est la base de leur *koinonia*. Jésus en décrit la conséquence dans Jean 16:14-15 quand il dit du Saint-Esprit:

> *Lui me glorifiera, parce qu'il prendra de ce qui est à moi et vous l'annoncera.*

Mais il explique aussitôt:

> *Tout ce que le Père a, est à moi.* En d'autres termes: *«Ce que j'ai ne m'appartient pas de droit, mais sur la base de mon unité avec le Père.»*

Dans Jean 17:10, Jésus dit la même chose dans sa prière au Père:

> *... et tout ce qui est à moi est à toi, et tout ce qui est à toi est à moi.*

C'est la *koinonia* parfaite: le fait de tout avoir en commun.

Dans ce sens, l'Evangile est une invitation qui est adressée de la part du Père et du Fils à tous les membres de la race humaine, et qui les appelle à partager avec eux cette *koinonia* parfaite entre Père et Fils. Dans 1 Corinthiens 1:9, Paul écrit:

> *Dieu est fidèle, lui qui vous a appelés à la communion (koinonia) de son Fils, Jésus-Christ, notre Seigneur.*

Il est important de faire une distinction entre les «moyens» et le «but». Beaucoup d'activités religieuses sont des «moyens» plutôt que des «buts». Elles n'ont de valeur en elles-mêmes que dans la mesure où elles aident à parvenir aux «buts» qui seuls ont une valeur intrinsèque. La *koinonia*, cependant, ne se justifie pas seulement par les «moyens»; elle est un «but» à atteindre. Elle est en fait le but suprême de toute activité religieuse valable.

Dans 1 Jean 1:3-4, l'apôtre déclare que le but final de l'Evangile est d'amener tous ceux qui s'engagent à vivre dans une *koinonia* éternelle et unique, celle unissant le Père et le Fils.

> *... ce que nous avons vu et entendu, nous vous l'annonçons, à vous aussi, afin que vous aussi, vous soyez en communion (koinonia) avec nous. Or, notre communion (koinonia) est avec le Père et avec son Fils, Jésus-Christ. Ceci, nous l'écrivons, afin que notre joie soit complète.*

«Ce que nous avons vu et entendu», c'est le témoignage oculaire vécu par les apôtres de Christ, et préservé pour nous dans les pages du Nouveau Testament. C'est pourquoi ces versets révèlent le but central pour lequel Dieu a voulu que les récits de l'Evangile soient conservés et transmis. La raison profonde de la transmission de ces textes, c'est de donner à ceux qui croient et obéissent une occasion de participer à la *koinonia* parfaite et éternelle qui est le style de vie du ciel.

Le prix de la *koinonia*

Cependant, la koinonia a un prix élevé; c'est un prix à payer. **Il est défini par deux absolus qui ne varient pas**: l'un est **l'engagement**. L'autre est une **manière de vivre** qui s'appelle *«la marche dans la lumière»* (1 Jean 1:7).

L'alliance, comme nous l'avons vu, est la clef de l'unité. Seuls ceux qui sont prêts à s'engager dans l'alliance en souscrivant à un engagement total et sans réserve peuvent arriver à une unité totale les uns avec les autres. Cela s'applique de la même manière à la relation entre mari et femme, à la relation entre le croyant et Dieu, et à la communion fraternelle entre croyants.

Cet engagement est réalisé ensuite dans la «marche de la lumière». Dans 1 Jean 1:7, l'apôtre dit: *«Mais si nous marchons dans la lumière, comme il est lui-même dans la lumière, nous sommes en communion (koinonia) les uns avec les autres,...»* «Marcher dans la lumière» est la seule façon d'expérimenter la *koinonia*. Toutes les fois que la Bible parle de *koinonia*, elle montre qu'il y a un seul modèle pour nous servir d'étalon, celui qui nous est donné par la personne même de Dieu. Cela est exprimé dans ce texte quand Jean dit: *«...comme il est lui-même dans la lumière...»* Dieu est prêt à élever l'humanité à son niveau personnel de *koinonia*, mais il refuse de baisser ce standard de *koinonia* pour se contenter d'une humanité qui n'est pas régénérée, ou pour n'atteindre qu'un niveau de christianisme rétrograde et imparfait.

En même temps, cette expression *«dans la lumière»* nous donne des limites à ce qui peut être partagé dans la *koinonia*. Tout ce qui contredit la loi divine dans le règne de la moralité ou de l'éthique n'appartient pas à *«(la marche) dans la lumière»*. Au contraire, cela appartient aux ténèbres. Un exemple évident est celui des relations sexuelles. Il est en harmonie avec la loi divine pour un mari et sa femme d'avoir des relations sexuelles. C'est tout à fait *«dans la lumière»*. Mais dès que l'un des conjoints a des relations avec qui que ce soit d'autre, cela est contraire à la loi divine, et ce n'est plus *«dans la lumière»*.

La «marche dans la lumière» implique une relation d'honnêteté absolue et continue, c'est une transparence entre tous les membres de la *koinonia*. Rien ne doit être caché, mal interprété ou retenu. L'essence de la relation existant entre mari et femme est la même que celle qui existe parmi un groupe de croyants engagés les uns envers les autres. Nous pouvons le résumer en reprenant les mots qui, dans le chapitre trois, décrivent la relation entre mari et femme: c'est une acceptation totale et sans réserve de deux personnalités ouvertes l'une à l'autre.

Ainsi, **les limites de la *koinonia* sont régies par deux facteurs: la loi divine et l'honnêteté totale.** La loi divine pose des limites: ce qui est contraire à la loi n'est plus la *koinonia*; ce sont les ténèbres, et non la lumière. Mais à l'intérieur de ces limites, le manque de sincérité ou des restrictions dues à l'égoïsme apparaissent. La lumière commence à disparaître. La *koinonia* ne s'élève plus jusqu'au niveau divin.

Que dirons-nous de chrétiens qui cherchent une communion les uns avec les autres, mais qui ne sont pas prêts à se soumettre à de telles exigences? Logiquement, nous devons dire à leur sujet ce que nous disons d'un homme ou d'une femme cherchant une relation sexuelle, mais sans accepter de se soumettre aux exigences du mariage. Le résultat obtenu ne sera pas la *koinonia*, mais la «fornication». Cette constatation est valable aussi bien pour la relation physique entre un homme et une femme, que pour la relation spirituelle entre des chrétiens qui sont désireux d'avoir des rapports permanents les uns avec les autres. Ceux qui refusent les exigences de Dieu sont, à ses yeux, coupables de fornication. Il n'y a qu'à lire l'Ancien Testament pour y trouver des exemples de fornication spirituelle: les prophètes accusèrent périodiquement Israël de tomber dans ce péché.

Quelles sont les conséquences de ces relations fausses entre chrétiens, de ces relations qui ne découlent pas d'engagements réels? Elles seront similaires à celles que nous constatons entre un homme et une femme qui n'ont pas la vraie relation sexuelle: ils sont blessés, amers. On assiste à des disputes, à des ruptures, à des promesses non tenues, à des désirs inassouvis. Quand nous jugeons par ce que nous voyons, nous sommes obligés d'admettre que dans beaucoup de secteurs du christianisme aujourd'hui il y a peu d'évidences d'une vraie *koinonia*, mais un nombre considérable d'exemples de fornication spirituelle qui touchent à toutes sortes de domaines.

Le but de ce chapitre a été de faire apparaître aussi clairement que possible le remède que les Ecritures apportent pour cette situation tragique. Ce remède, c'est le retour aux exigences de Dieu: à l'engagement de l'alliance et à la *«marche dans la lumière»*.

* * * * * * *

- 6 -

LE POINT DE DECISION

Dans les chapitres précédents, nous avons traité le sujet des trois principales relations qui existent dans la vie. Dans l'ordre des priorités, elles sont: notre relation personnelle avec Dieu, notre relation avec notre conjoint (si nous sommes mariés), notre relation avec le peuple de Dieu. Dans chacun de ces domaines, nous avons vu un type de relation que Dieu a rendu possible pour ceux qui croient en lui et qui lui obéissent.

Peut-être découvrez-vous maintenant que vous vivez à un niveau inférieur dans l'un ou l'autre de ces domaines. Vous êtes prêt à monter d'un échelon, mais vous n'êtes pas sûr de la manière de le faire. C'est pourquoi laissez-moi vous rappeler que, dans chaque cas, il y a une exigence simple mais essentielle. Elle est exprimée par un mot que nous avons employé très souvent dans ce livre: **l'engagement**.

L'engagement envers Dieu

Laissez-moi d'abord vous parler de ce premier volet de notre relation avec Dieu. Peut-être allez-vous à l'église, ou tout au moins avez-vous un arrière-plan d'église. Certaines phrases utilisées par des gens religieux vous sont peut-être familières. Ou bien vous avez réellement expérimenté des moments où vous vous êtes senti soulevé ou inspiré quand vous avez su que Dieu était réel.

Une autre possibilité, c'est que vous n'avez aucun arrière-plan religieux. Bien que vous n'adhériez à aucune religion définie, il y a une soif dans votre coeur que vous aimeriez voir assouvie.

Ou bien encore, vous n'appartenez à aucune de ces catégories.
Vous arrivez en cet instant par une route unique qui est la vôtre.
Mais là n'est pas vraiment la question en ce moment. Ce qui
compte, c'est que vous soyez arrivé à ce point où vous avez le
profond désir de trouver une relation profonde et intime avec
Dieu - quelque chose de si profond et de si réel que vous
n'aurez jamais besoin de le mettre en question. Vous êtes donc
prêt à prononcer un engagement sincère et total de vous-même
envers Dieu en Jésus-Christ.

La manière toute naturelle pour vous de souscrire à cet
engagement est par la prière. De cette façon, vous exprimez ce
qui est dans votre coeur, et tout en le verbalisant vous lui
donnez un poids réel. Vous rendez **spécifique** votre
engagement. Une prière de cet ordre est comme la traversée
d'un pont. Cela nous mène dans un nouveau territoire. A partir
de ce moment, vous ne vous appuierez pas sur quelque chose de
vague et d'indéfini situé dans le royaume obscur de votre
intelligence. Après avoir prié, vous saurez à **quoi** vous vous
êtes engagé. Vous saurez aussi **quand** et **où** vous avez contracté
votre engagement. La poursuite de votre relation avec Dieu aura
donc un point de départ bien précis - un point qui se situe dans
le temps et dans l'espace - **un point de décision**.

Je vous conseille de poser ce livre maintenant - et de prier! Si
vous vous sentez capable de prier avec vos propres paroles,
alors faites-le. Mais si vous trouvez que cela est difficile, voici
une prière préparée pour vous:

*Dieu, tu as mis un désir dans mon coeur de te connaître d'une
manière qui soit réelle et personnelle. Même si je ne comprends
pas absolument tout, je crois ce que la Bible nous dit de Jésus-*

Christ: qu'il a pris mes péchés sur lui, qu'il est mort à ma place, et qu'il est ressuscité des morts. En son nom, je te demande maintenant de pardonner tous mes péchés et de me recevoir comme ton enfant. Sincèrement et de tout mon coeur, je m'engage envers toi - dans toute ma personne et avec tout ce que j'ai. Prends-moi comme je suis et fais de moi ce que tu désires que je sois. Dans la foi, je crois que tu entends cette prière, et que tu me reçois. Je te remercie, dans le nom de Jésus. Amen.

Une fois que vous avez prié votre prière d'engagement, ne commencez pas à raisonner ou à spéculer. Avec une foi simple, prenez Dieu au mot. Il a promis de vous accueillir si vous venez à lui en Jésus-Christ. C'est pourquoi remerciez-le, car il a fait ce qu'il a promis. Continuez à le remercier! Plus vous le remercierez, plus votre foi grandira.

A partir de maintenant, que votre but principal soit de cultiver votre nouvelle relation avec Dieu. Cela vous donnera une mesure simple pour évaluer les influences et les activités diverses de votre vie. Fortifient-elles votre relation avec Dieu, ou l'affaiblissent-elles? Faites toujours plus de place pour les choses qui l'affermissent, et de moins en moins pour celles qui l'affaiblissent. Pour être précis, il y a deux manières particulièrement importantes de fortifier cette relation.

Premièrement, faites connaître votre engagement à ceux qui sont autour de vous. Vous n'avez pas besoin d'être agressif, ou de prendre un air religieux. Mais au fur et à mesure que les occasions se présentent dans le courant de la vie normale, faites savoir d'une manière tranquille mais ferme que Jésus est maintenant celui qui a le contrôle total de votre vie.

Deuxièmement, mettez chaque jour une période de côté pour

Dieu. Prenez une partie de ce moment pour lire votre Bible, et l'autre pour prier - c'est-à-dire pour parler à Dieu d'une manière sincère et naturelle. De la sorte vous maintiendrez continuellement avec Dieu une communication dans les deux sens. Quand vous lisez la Bible, Dieu vous parle; et quand vous priez, vous parlez à Dieu.

Probablement que vous n'arriverez pas à une «sainteté» immédiate! Si vous échouez de temps en temps, ne vous découragez pas. *Reconnaissez tout simplement vos échecs devant Dieu et demandez-lui de vous pardonner* (Jean 1:9). Si d'autres gens sont affectés par vos échecs, vous devrez peut-être aussi leur demander pardon. Mais ne vous arrêtez pas en chemin. Souvenez-vous qu'un engagement est comme une rue qui va dans les deux sens. Non seulement vous êtes engagé envers Dieu, mais il s'est aussi engagé envers vous. Et il est tout-puissant.

Engagement envers votre conjoint

Le second domaine dont nous avons parlé - par ordre de priorité - est votre relation avec votre conjoint, mari ou femme, selon le cas. (Evidemment, si vous n'êtes pas marié, et que vous n'avez pas l'intention de le faire, cette section ne vous concerne pas directement.)

Vous avez peut-être déjà été un croyant engagé avant d'avoir lu ce livre. Vous venez peut-être de prier à nouveau cette prière d'engagement après avoir lu la section précédente. Mais d'une manière ou d'une autre, vous devez maintenant faire face au fait que votre mariage n'est pas ce qu'il devrait être. Peut-être réalisez-vous pour la première fois ce qu'il pourrait être. Vous en êtes venu à comprendre que pour des croyants engagés, le mariage est *«une corde à trois fils»* - une alliance entre vous, votre conjoint et Dieu. Mais il est nécessaire de prendre cet engagement personnel pour que l'alliance soit effective, et ainsi pour permettre à la grâce surnaturelle et toute suffisante de Dieu de se répandre dans votre mariage, car c'est un élément vital de votre vie de couple qui a manqué jusqu'à présent.

Idéalement, vous et votre conjoint vous devriez faire ce même engagement au même moment, envers Dieu et l'un envers l'autre. Cependant, il arrive parfois que l'un soit prêt à le faire avant l'autre. Ainsi, si vous êtes prêt, mais que votre conjoint ne le soit pas, engagez-vous maintenant et croyez que Dieu amènera votre conjoint au même *point de décision* que vous. Alors, lorsque cela arrivera, vous pourrez renouveler votre engagement ensemble.

Si vous vous sentez la force de prier avec vos propres paroles, faites-le. Autrement, voici une prière préparée pour vous, que vous pouvez utiliser pour vous engager devant Dieu dans une alliance vis-à-vis de votre conjoint:

Dieu, notre Père, je viens à toi dans le nom de Jésus, mon Sauveur et mon Seigneur. Je te remercie de ce que tu m'as racheté par le sang de Jésus et de ce que je t'appartiens. Je te remercie pour notre mariage. Je te remercie pour ma femme (mon mari). En ce moment même je désire m'engager envers toi par rapport à mon mariage et envers mon épouse (époux). Seigneur, je suis prêt à donner ma vie et à la vivre en accord avec mon conjoint, à rechercher le bien de mon épouse (époux), à me réjouir des bénédictions qu'il (elle) reçoit et de son succès, de le considérer comme si c'était le mien, et de vivre maintenant en lien étroit avec mon conjoint. Dieu, notre Père, accepte mon engagement au nom de Jésus. Pose sur cet engagement le sceau de ton Esprit saint. Et dès aujourd'hui, bénis notre mariage et notre foyer d'une nouvelle manière.

Amen.

Dans la section précédente, «l'engagement envers Dieu», nous recommandons une démarche générale; les mêmes principes sont applicables pour l'engagement que vous avez fait maintenant envers votre conjoint concernant votre mariage.

Pour commencer, **assurez-vous que vos priorités soient justes.** Très probablement, il faudra faire quelques ajustements. Après votre relation personnelle avec Dieu, le domaine de votre vie qui est le plus important est celui de votre mariage et de votre foyer. Evaluez donc vos diverses activités en conséquence. Donnez toujours plus de place pour ce qui fortifie votre mariage et la vie de votre foyer, et de moins en moins pour ce qui a l'effet opposé.

En rapport avec votre relation personnelle avec Dieu, nous avons souligné le besoin de mettre à part du temps pour une communication dans les deux sens avec lui. La même remarque est valable pour votre relation avec votre conjoint. **Une relation ouverte et continue entre vous deux est vitale.** Cela prend du temps - plus de temps probablement que vous n'en avez accordé. Souvenez-vous que la manière dont vous disposez de votre temps est l'indication la plus sûre de vos réelles priorités. Vous dites peut-être que votre mariage est important pour vous, mais si vous accordez des portions de votre temps d'une manière disproportionnée à d'autres activités, vous leur donnez réellement une priorité sur votre mariage.

Quelqu'un a dit: «Quand les membres d'une famille prient ensemble, ils restent ensemble.» Il y a une grande vérité dans cet adage. Pendant trente ans, Lydia et moi avons prié et lu la Bible ensemble presque chaque jour - généralement deux fois par jour. Souvent Dieu nous a parlé d'une manière très intime durant ces **temps de communication avec lui et l'un avec l'autre**. Prière et lecture biblique ont été les principaux facteurs du succès de notre mariage.

J'ai observé quelquefois que le mari et la femme ont une difficulté à prier à haute voix devant leur conjoint. Il semble difficile de briser le «mur du son». Mais entraînez-vous à cela et ayez de la patience l'un envers l'autre. Les bénéfices seront beaucoup plus grands que votre gêne initiale ou que le sentiment que c'est étrange. Quand vous pouvez, dans la présence de votre conjoint, parler directement à Dieu, c'est une preuve sûre que Dieu est devenu un membre de votre famille - et c'est ce qu'il désire le plus.

Encore un mot sur le sujet. Ne vous appuyez jamais uniquement sur vos propres efforts et capacités pour faire de votre mariage un succès. Aucun mariage ne peut correspondre au projet de Dieu en dehors **de la grâce surnaturelle de Dieu**. L'engagement que vous avez pris maintenant envers votre femme (votre mari) et par rapport à votre mariage rendra disponible pour vous la grâce de Dieu jusqu'à un point que vous n'avez jamais connu auparavant. Jouissez-en librement! Car Dieu nous a dit: *«Ma grâce te suffit, car ma puissance s'accomplit dans la faiblesse.»* (2 Corinthiens 12:9) La grâce et la puissance de Dieu vous accompagneront chaque fois qu'une difficulté surgira. Si vous vous sentez perplexe, découragé, inadéquat, faites confiance à Dieu pour qu'il vous donne une mesure supplémentaire de sa grâce et de sa puissance, dans le moment et dans le lieu où vous serez. Attendez-vous à le voir à l'oeuvre - d'une manière peut-être que vous n'auriez pas imaginée. Attendez-vous à le voir changer tout ce qui doit être changé - que ce soit vous, votre conjoint, toute la situation. Il ne vous abandonnera pas.

Engagement envers le peuple de Dieu

Le troisième domaine de relation dont nous avons parlé dans ce livre est celui que nous avons appelé la *koinonia* - le partage de notre vie avec le peuple de Dieu. Pour un développement vraiment spirituel, vous avez besoin de ce genre de relation-là, sans laquelle vous ne pouvez pas devenir tout ce que Dieu a en vue pour vous. C'est aussi valable tant pour les célibataires que pour les couples mariés. Nous avons tous besoin de faire partie d'un ensemble plus grand que nous-mêmes.

Dans 1 Corinthiens 12:13-27, Paul compare les croyants individuels aux parties différentes d'un corps. Il explique qu'aucune partie du corps ne peut effectivement fonctionner indépendamment des autres. Chacune a besoin des autres. *«L'oeil ne peut pas dire à la main: je n'ai pas besoin de toi; ni la tête dire aux pieds: je n'ai pas besoin de vous.»* (Verset 21) En tant que croyants individuels, nous ne pouvons accéder à l'accomplissement ou à la plénitude véritable qu'en entrant dans une relation engagée avec d'autres chrétiens de sorte que nous puissions fonctionner ensemble comme un seul corps avec eux.

Une telle relation n'est pas à bien plaire. Elle est essentielle pour notre bien-être spirituel. Regardons encore un verset, cité plus haut:

> *Mais si nous marchons dans la lumière, comme il est lui-même dans la lumière, nous sommes en communion (koinonia) les uns avec les autres, et le sang de Jésus son Fils nous purifie de tout péché.*
> (1 Jean 1:7)

Le «si» introduisant le verset nous confronte à deux faits qui sont en relation avec une expérience spirituelle. Tout d'abord, la première évidence que nous marchons dans la lumière est que nous sommes en communion *(koinonia)* les uns avec les autres. Si nous n'avons pas cette relation de *koinonia* avec d'autres croyants, il est évident que nous ne marchons pas pleinement dans la lumière. Ensuite, si nous ne sommes pas dans la lumière de la *koinonia*, nous ne faisons plus l'expérience de la purification continuelle du sang de Jésus qui seul peut nous garder purs et libres du péché.

Notre responsabilité de maintenir une communion régulière avec des croyants engagés est mentionnée à nouveau dans Hébreux 10:24-25:

> *Veillons les uns sur les autres pour nous inciter à l'amour et aux bonnes oeuvres. N'abandonnons pas notre assemblée, comme c'est la coutume de quelques-uns, mais exhortons-nous mutuellement, et cela d'autant plus que vous voyez le jour s'approcher.*

Ici à nouveau, nous avons deux vérités qui se complètent: la première, c'est que nous avons pour responsabilité de nous stimuler et de nous encourager les uns les autres; la seconde, c'est que nous ne pouvons le faire que si nous n'abandonnons pas nos «assemblées».Visiblement, cette seconde phrase montre en évidence que chacun d'entre nous doit être relié à un groupe qui peut être justement appelé *«notre propre assemblée»*.

L'étape essentielle qui nous amène dans cette sorte de relation est la même qui nous conduit dans une juste relation avec Dieu ou avec notre conjoint. C'est l'*engagement* - cependant, pas seulement à un autre individu, mais aussi à un groupe de chrétiens qui sont eux-mêmes reliés par un engagement mutuel les uns envers les autres. Si vous avez déjà prononcé les deux engagements mentionnés dans ce chapitre - envers Dieu et envers votre conjoint - vous devriez poursuivre par cette troisième forme d'engagement envers un groupe de compagnons dans la foi.

Malheureusement, il n'est pas toujours facile dans notre christianisme contemporain de trouver un groupe de chétiens qui pratiquent un véritable engagement mutuel basé sur un solide fondement scripturaire. Cependant, si vous reconnaissez devant Dieu votre besoin de vous identifier à un tel groupe, et que vous cherchiez avec diligence sa direction, vous pouvez être confiant que Dieu vous montrera que faire. Souvenez-vous que Dieu a promis de récompenser ceux qui le cherchent (Hébreux 11:6). Si vous êtes sincère et sérieux dans votre démarche de le chercher, vous recevrez votre récompense.

Comme fil conducteur pour reconnaître le genre de groupe qui répondra à votre besoin, voici neuf questions que vous devriez vous poser avant de vous engager définitivement envers ces gens:

- 1. Honorent-ils et exaltent-ils le Seigneur Jésus-Christ?
- 2. Respectent-ils l'autorité des Ecritures?
- 3. Font-ils de la place à l'intervention du Saint-Esprit?
- 4. Présentent-ils une attitude chaleureuse et amicale?
- 5. Cherchent-ils à mettre en oeuvre leur foi d'une manière pratique dans la vie quotidienne?
- 6. Construisent-ils des relations interpersonnelles qui vont au-delà de la simple assistance au culte?
- 7. Offrent-ils un soin pastoral qui comprend tous vos besoin légitimes?
- 8. Sont-ils ouverts à une communion avec d'autres groupes de chrétiens?

· 9. Vous sentez-vous à l'aise et chez vous parmi eux?

Si la réponse à toutes ces questions ou à la plus grande partie est «oui», vous avez commencé à trouver votre communauté. Cependant, continuez à chercher Dieu jusqu'à ce qu'il vous donne la direction définitive.

Rappelez-vous que vous ne trouverez pas le groupe parfait. Et même si vous le trouviez, vous ne pourriez pas vous y joindre, parce qu'après votre arrivée, il ne serait plus parfait!

Finalement, voici un mot d'encouragement, mais aussi d'avertissement tiré du Psaume 68:7:

> *Dieu fait habiter les solitaires dans une maison, il fait sortir les prisonniers pour leur satisfaction; mais les rebelles seuls demeurent en des lieux arides.*

Si vous êtes *«seul»*, Dieu vous placera dans un *«foyer»* spirituel - une famille de frères et soeurs chrétiens unis les uns aux autres par un engagement mutuel. Si vous êtes *«prisonnier»* - des circonstances ou de forces mauvaises, Dieu vous délivrera et vous mettra en liberté. Mais (et ceci est un avertissement) si vous êtes *«rebelle»*, vous *continuerez de demeurer dans un pays aride.*

En fin de compte, les seules barrières qui peuvent vous empêcher de trouver la *koinonia* dont vous avez besoin sont vos propres attitudes intérieures d'orgueil, d'égoïsme ou d'individualisme intransigeant. Demandez à Dieu de vous montrer s'il existe de telles barrières dans votre vie et, s'il s'en trouve, démolissez-les.

Dans le Psaume 27:4, David donne libre cours à l'aspiration la plus profonde de son âme:

Je demande à l'Eternel une chose, que je recherche ardemment: habiter toute ma vie dans la maison de l'Eternel,...

Ces paroles de David expriment-elles l'aspiration la plus profonde de votre âme? Si c'est le cas, pourquoi ne pas vous joindre à David, dans une prière qui vous soit propre?

Une fois de plus, si vous pouvez prier avec vos propres paroles, faites-le. Mais si vous avez besoin d'un modèle de prière, vous pouvez utiliser celui qui suit:

Seigneur, je suis seul et insatisfait, et je le reconnais. J'aspire à «habiter dans ta maison», à faire partie d'une «famille» spirituelle de chrétiens engagés. S'il se trouve quelque barrière en moi, je te demande de l'enlever. Guide-moi vers un groupe où l'aspiration qui est la mienne pourra être comblée, et aide-moi à prendre envers eux l'engagement nécessaire. Au nom de Jésus. Amen.

* * * * * * *

www.ingramcontent.com/pod-product-compliance
Lightning Source LLC
Chambersburg PA
CBHW071824020426
42331CB00007B/1602